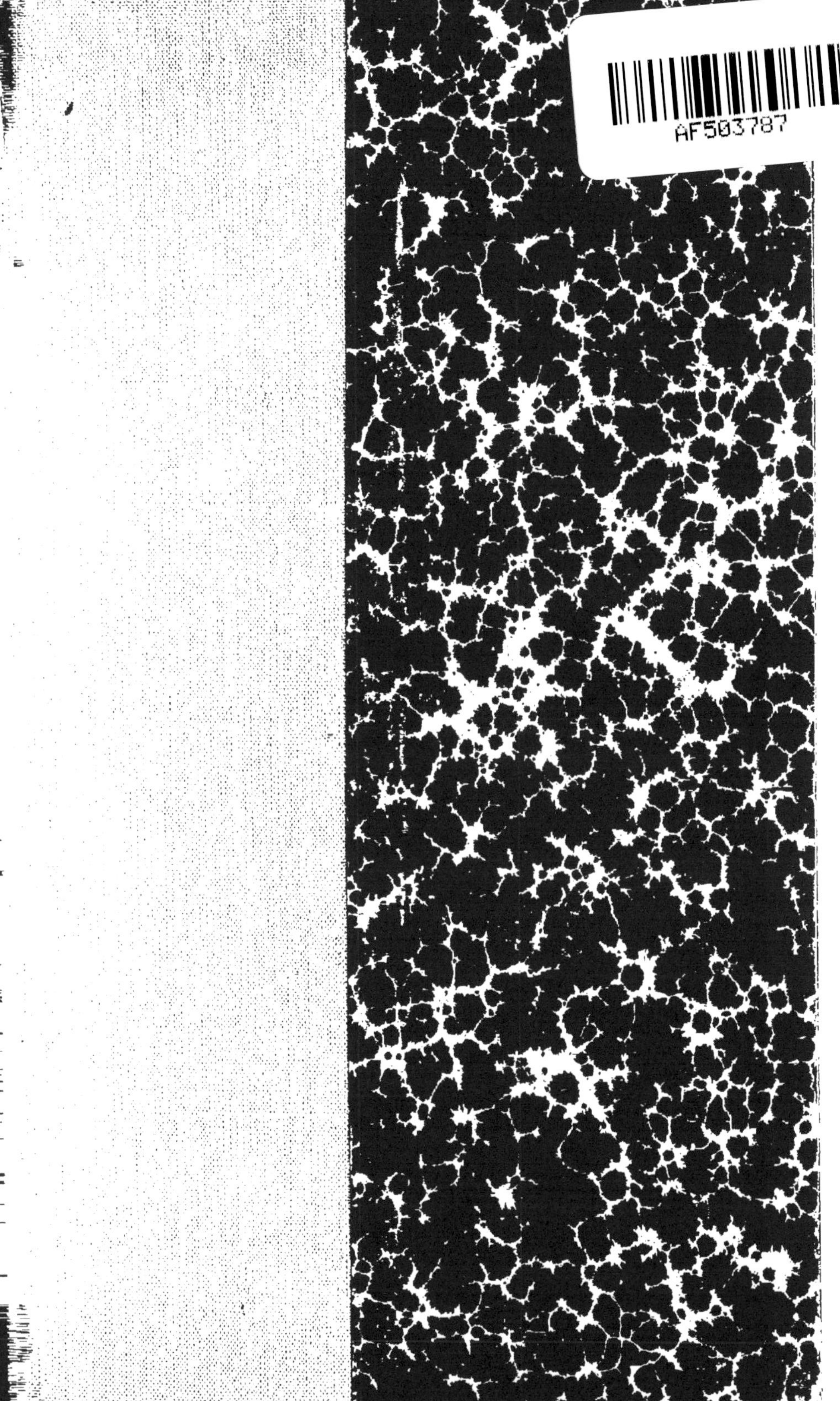
AF503787

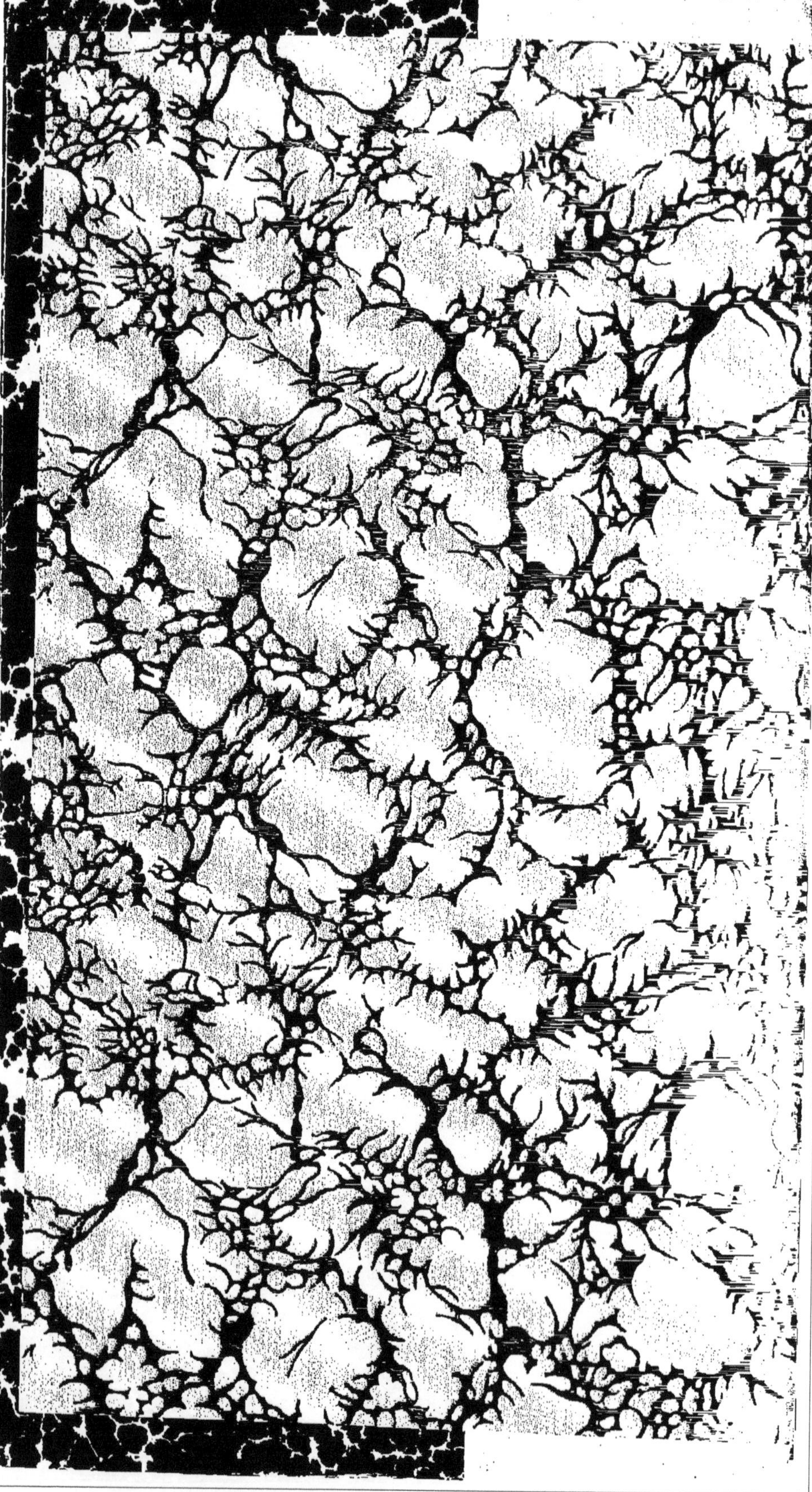

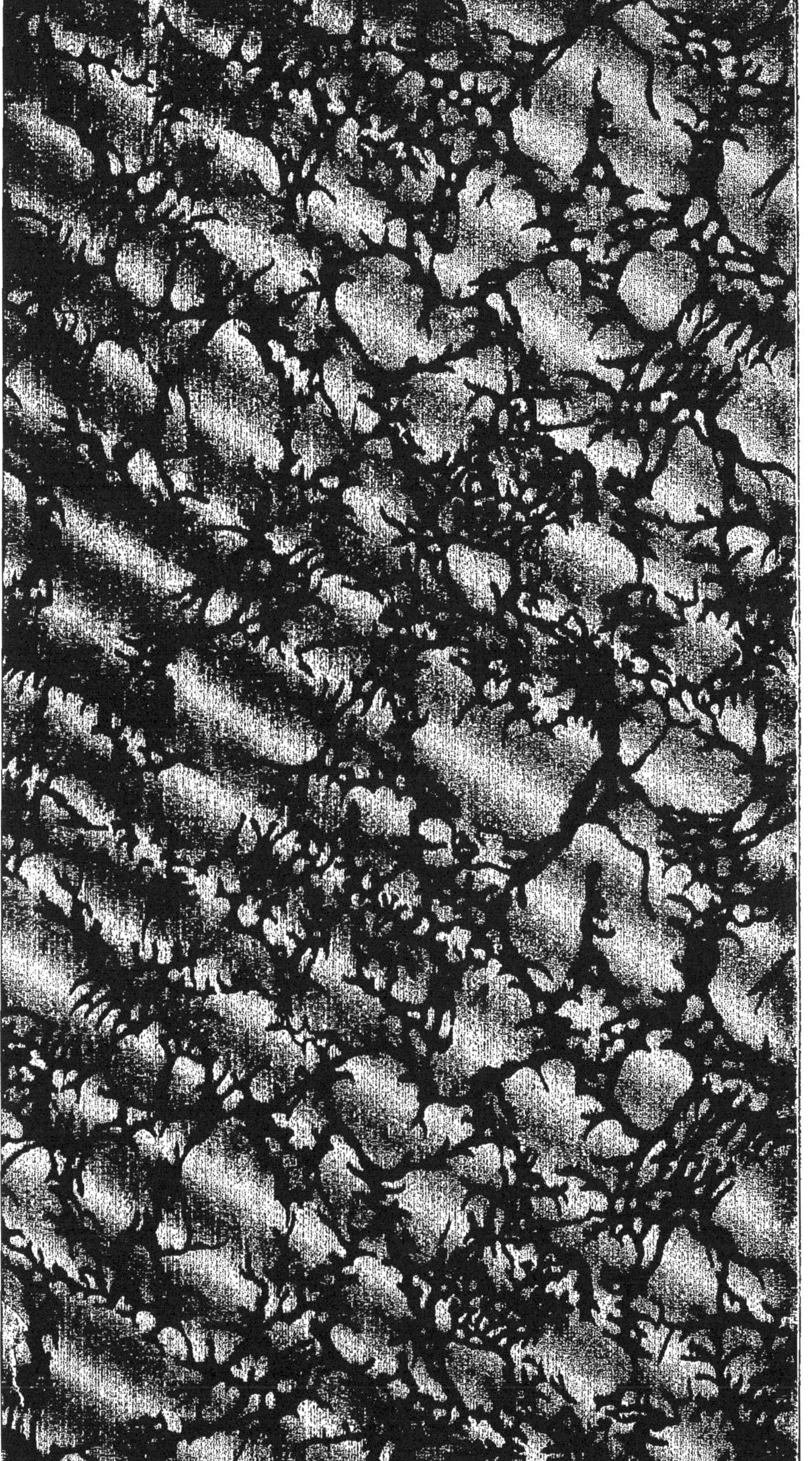

Charles Lefebure.

Mes étapes
d'alpinisme

Descente des *Roses* du Val Valetta
(3,200 mètres).

Société protectrice
des Enfants martyrs
25, rue des Comédiens,
à Bruxelles.

Ouvrage orné de 97 gravures.

Mes étapes d'alpinisme

Mille exemplaires
qui seront vendus au bénéfice de la Société protectrice des Enfants martyrs

dont deux cent cinquante exemplaires numérotés :

Les nᵒˢ 1 à 20 sur japon avec le nom du souscrip-
teur. Cent francs.
21 à 75   Vingt francs.
76 à 250   Dix francs.

Sept cent cinquante exemplaires sans numéros
au prix de cinq francs.

Justification du tirage.

A mes concitoyens bienfaisants

Fillette à Sulden (Tyrol).

Désireux d'être utile à l'excellente œuvre des « Enfants martyrs », je me suis décidé à écrire tant bien que mal, et à publier, ces souvenirs que m'ont laissé quelques années d'alpinisme.

Si j'ai dû y laisser subsister quelques considérations par trop personnelles pour mes compagnons de voyage et pour moi-même, excusez-nous ; n'y voyez qu'un seul désir, celui de conserver aux récits toute leur sincérité, voire plus d'intérêt.

Décembre 1900.

Charles Lefebure.

Mes étapes

d'alpinisme

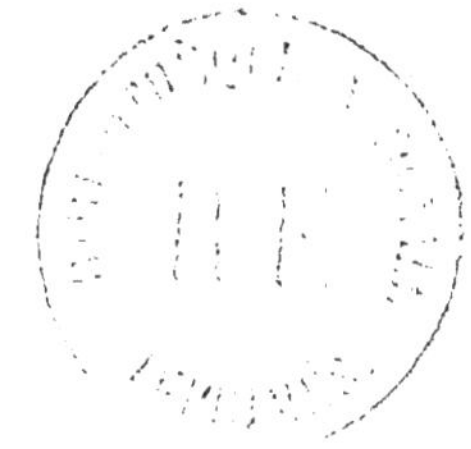

Descente des *Roses* du Val Valetta
(3,200 mètres).

*Société protectrice
des Enfants martyrs
25, rue des Comédiens,
à Bruxelles.*

Combien de fois ai-je entendu les personnes
auxquelles je faisais des récits d'ascensions et
auxquelles je montrais en projections photographiques des scènes prises sur les cimes des Alpes, me
demander quel attrait pouvait avoir ce sport où la fatigue
et les efforts se mêlent au danger constant, continu.
Pour la plupart d'entre elles, cela ne devait être que la
gloriole d'avoir été où peu arrivent, de pouvoir faire
ce que nombre de gens ne peuvent faire. Plus souvent
l'on vous interroge pour savoir si les vues successives
dont on jouit sur les montagnes, peuvent dédommager le
touriste de ses peines ; la vue que l'on a du sommet lui-
même inquiète surtout, car il semble que ce soit comme
le prix que l'on recueille au bout de sa peine.

J'ai toujours accordé volontiers, ayant un mobile plus
prosaïque, qu'il y avait bien là un peu de gloriole, que
les vues étaient un dédommagement, mais que l'exercice

difficile du grimpeur suffit par lui-même à attirer l'alpiniste. Dès lors j'étais accusé d'aimer par parade les dangers et les difficultés.

Je me défends pourtant de chercher le danger, mais j'avoue qu'il y a une certaine satisfaction à voir se dresser devant soi quelque rocher à pic, quelque paroi de roc ou de glace sur laquelle puissent s'exercer les connaissances, les aptitudes que l'on possède ou que l'on a acquises.

L'argument, le reproche de risquer sa vie par simple sport dans un danger, n'est pas sans valeur ; mais à ceux qui en font la question dominante, je leur demande si, ayant des aptitudes pour l'équitation, ils ne préféreraient pas quelque cheval de sang, fougueux, à réactions imprévues, à une paisible monture de manège ou de louage.

La chasse la plus intéressante, la plus émouvante n'est-elle pas, en Angleterre, la chasse au renard où l'on ne compte plus les accidents, souvents mortels, que coûte le forçage de la bête poursuivie à travers tous les obstacles.

C'est donc bien la difficulté qui est un attrait, et vous êtes de mon avis.

Quant à la vue que l'on a des sommets, même imparfaitement claire, elle est une source de sensations, d'admirations qu'il me serait impossible d'exprimer sans employer des épithètes si exagérées, des phrases si dithyrambiques — pourtant insuffisantes — que je me ferais taxer d'exagération par ceux qui n'ont pas vu ces spectacles grandioses, admirables de couleur et de majesté. Et la joie que l'on ressent est exaltée par l'effort que l'on a fait pour l'acquérir ; on se sent pris du désir de pousser des cris inarticulés de triomphe et d'admiration, des cris de primitif, de sauvage.

Je veux croire que c'est là l'origine du « cri des Alpes »,
cri guttural, inarticulé et barbare que jettent dans la
solitude les habitants des régions alpestres. Ce cri,
d'une résonnance bien particulière, n'a cependant rien
de fixe, de conventionnel, chacun a le sien qu'il émet
à sa guise et qui peut servir à le reconnaître en montagne.

Vous pourriez me dire que ce cri striduleux porte à
plus grande distance ou bien qu'il a été imaginé il y a
des siècles par ceux qui créaient les histoires de sor-
cières, d'esprits habitant et défendant les sommets ; cela
est bien possible, mais je préfère mon explication d'origine spontanée et je me bouche les oreilles pour conserver mes illusions.

Et cependant toutes ces excellentes raisons d'enthousiasme et d'admiration sont insuffisantes à mes yeux
pour expliquer, je dirai excuser, cette situation irraison-
nable d'exposer sa vie pour un divertissement, pour un
sport sans aucune utilité. Il faut un but utile à tout
acte, — les esprits moroses ou pratiques disent même
un intérêt — et, je l'ai dit déjà, le mobile qui m'anime est
très prosaïque, c'est la cure d'altitude, la cure d'air. Ce
mobile *nous* domine, car je dois dire qu'il préoccupe
aussi celui dont j'ai été le compagnon d'ascension et
que je vous présenterai plus loin. J'insiste sur le mot
cure, bien que ni lui ni moi ne soyons malades au
sens ordinaire du mot; mais il faut reconnaître que dans
notre état social actuel, où domine le surmenage céré-
bral et le confinement dans les centres populeux, le citadin cherche avidement chaque année à compenser
pour son organisme les déficits que lui laissent sa vie
d'homme civilisé et actif.

Celui qui n'a pas fait d'exercices ni de séjours aux
hautes altitudes ne peut s'imaginer la sensation de com-

plète santé que l'on y ressent ; ces effets ne sont d'ailleurs plus à démontrer, la pureté de l'air, sa raréfaction qui force le mécanisme de la respiration à fonctionner avec plus d'amplitude, en sont les dominantes.

Maintenant que vous savez pourquoi je suis alpiniste, — avec des raisons de podagre, — je vais vous exposer comment je le suis devenu et comment j'ai acquis les connaissances et les aptitudes que le sport alpiniste exige. Je vous raconterai dans ses grandes lignes ma première année d'exercice, puis les idées générales que j'ai déduites de mes diverses ascensions et je compte aussi vous faire, après cela, le récit d'un accident survenu la deuxième année au piz Roseg le 18 août 1895.

Mon premier voyage dans les hautes régions des Alpes date de 1894. Le père de mon ami Armand Solvay, M. Ernest Solvay, industriel, sénateur de Belgique, désirait depuis plusieurs années entreprendre des courses de montagne. Ses fils étant empêchés de l'accompagner, il me proposa, sans me dire ses projets de « grandes courses », de l'accompagner en Suisse. J'acceptai bien volontiers.

Notre première station fut Riffelalp, dans le Valais ; nous y arrivâmes le 27 juillet 1894.

Je me laissais aller naïvement d'abord à l'admiration coutumière de tous les touristes pour ces régions superbes et je me laissais conduire bien docilement, désireux d'acquérir rapidement des notions nouvelles.

Le premier jour fut, comme il convient, consacré à l'entraînement : descente sur Zermatt par la vallée de Findelen en passant d'abord par les séracs du glacier de Findelen, puis remontée jusque Riffelalp.

Fig. 3. Le Riffelhorn et le glacier du Gorner.

Le jour suivant nous allons au Gornergrat. Au cours de cette deuxième journée M. Solvay comptait s'assurer si j'étais réfractaire au vertige et, à la descente, arrivés au pied du Riffelhorn (2,931 mètres), il me dit : « Si nous montions là-haut? » Je répondis, regardant cette masse d'une nature inconnue pour moi, timide habitant des altitudes proches du niveau de la mer : « Parfaitement ! » Nous étions sans piolets et sans corde, bien que, comme le dit judicieusement mon ami Armand Solvay : « Dans les Alpes il ne faut jamais partir en excursion sans piolet et sans corde ; qui sait jusqu'où l'on ira. »

Il est clair pour tout alpiniste, et maintenant pour moi-même, que par la route ordinaire il n'y a pas de difficultés spéciales jusqu'au sommet du Riffelhorn ; mais cependant, pour un débutant, j'en appelle à ceux qui y ont été, il y a là une belle école du vertige.

Me voilà donc grimpant tant bien que mal, M. Solvay se retournant souvent pour me regarder du coin de l'œil, prêt à prévenir toute hésitation ou toute crainte. Nous arrivons au sommet sans encombre, moi particulièrement charmé de ma *grimpade* (fig. 3), lorsque M. Solvay me dit : « Allez voir là, derrière ce rocher. » Il voulait parler de la vue sur le glacier du Gorner qui présente un à pic de près de 1,000 mètres. Je n'eus qu'un cri d'admiration, ce qui me valut une vigoureuse tape sur l'épaule avec ces mots : « Voilà qui est bien, nous allons pouvoir faire des choses intéressantes. » Cela fut, sans que je m'en doutasse, l'accolade sacramentelle qui me créait alpiniste pour l'avenir.

Un *essai* méthodique comportait ensuite la constatation de mon inaptitude au mal des montagnes. Il fallait pour cela atteindre les 4,000 mètres d'altitude. Nous projetâmes donc de gravir la cime la plus facile et pourtant une des plus élevées, le Breithorn (4,171 mètres). A cause du mauvais temps, ce ne fut que le 1er août que nous pûmes mettre le projet à exécution en passant la nuit à la cabane du Théodule.

Dans le dessein de faire une épreuve sérieuse, le trajet,

à partir de la cabane, fut fait d'un pas plutôt trop rapide, sans arrêt jusqu'au pied de la dernière pente qui précède le sommet et je m'y trouvai prêt à attaquer avec entrain la montée finale. La démonstration était suffisante, nous

Fig. 4. Le Breithorn (Massif du mont Rose).

fîmes plutôt notre petite collation à cet endroit, puis nous arrivâmes au sommet où se trouvait déjà M. Ernest Nagelmackers, sénateur de Belgique et administrateur de la Compagnie internationale des Wagons-Lits, disciple ardent et enthousiaste de l'alpinisme depuis de nombreuses années.

Au retour la neige n'était pas bonne : cela m'apprit à chausser profondément et péniblement le névé; nous évitons quelques belles crevasses et nous en traversons une à plat ventre sur un fragile pont de neige que nous eussions infailliblement détruit si nous y étions passés debout. Tout cela me donnait une joie que je ne dissimulais pas, et dès lors j'étais conquis à l'alpinisme.

Peut-être aurais-je tiré une pointe d'orgueil de cette première ascension, et dorénavant mis en goût de vantardise, serais-je devenu quelque peu Tartarin, si heureusement, le 5 août, quatre jours après, passant à Eggis-

Fig 5. Le sommet du Breithorn (4,171 mètres'.

horn (hôtel Jungfrau), je n'avais rencontré un professeur, Français d'origine, et exerçant au Chili. Liant conversation, il me demanda si je faisais des ascensions ; lui-même venait de faire l'étonnante course du Finsteraarhorn, en partant du Grimsel. Je crus pouvoir répondre affirmativement, spécifiant que je venais précisément du Breithorn de Zermatt. Je vois encore son regard de douce pitié : « Cela peut se faire en souliers de bal, le Breithorn ! » me dit-il.

Je lui fus fort reconnaissant de sa franche répartie, car il me sauvait peut-être d'une allure d'esprit qui est fréquente et qui consiste à parler avec exagération et incompétence d'obstacles dont on n'a franchi que le seuil. C'est même extraordinaire le nombre de bêtises que l'on entend débiter tout haut, en matière de montagnes, par des touristes armés de piolets, couverts de costumes spéciaux, chaussés de souliers ferrés classiques et munis à tous propos de lunettes à coquilles.

A Eggishorn encore, plus précisément en 1898, un touriste de bel équipement — dont j'entendais dire à l'envi : « Voilà une structure d'alpin ! » — faisait faire cercle autour de lui par le public des touristes et racontait gravement qu'il avait fait un passage extraordinaire, « la Gemmi ! » et qu'après cela il avait dormi dix-huit heures. Son compagnon, robuste gaillard porteur d'une énorme jumelle photographique, opinait du bonnet avec complaisance.

Bien mieux, l'homme de la Gemmi expliquait à la cantonade, pour toute la terrasse de l'hôtel, qu'il allait pleuvoir la nuit ; il était fort au courant, disait-il, par expérience, des choses de la montagne et il basait son pronostic sur ce phénomène bien caractéristique que, en ce moment (4 heures), toutes les vaches de la Fiescher Alp se rassemblaient et remontaient le versant de la montagne. C'était simplement l'heure de la traite et les vaches se rendaient aux étables près de la fromagerie pour se faire traire.

Ainsi que M. Solvay l'avait de suite prévu et combiné au Riffelhorn, cette première année d'ascensions fut bien intéressante et je tâcherai de vous faire saisir ce que j'ai pu apprendre à chaque nouvelle ascension.

La région choisie fut l'Engadine (Alpes Rhétiques) et la station Pontresina, localité très fréquentée et située à 1,803 mètres. La Haute-Engadine offre d'ailleurs bien des avantages : l'altitude, des hôtels de pre-

Fig. 6. Pontresina, dans le val Bernina.

mier ordre et des excursions pittoresques en nombre considérable tant pour l'entraînement que pour les jours de mauvais temps, lorsque la course en montagne est impraticable.

Au point de vue alpiniste pur, nous eussions dû choisir un centre plus intéressant, plus difficile, comme Zermatt ou Grindelwald; mais nous sommes prêts à avouer qu'une fois revenus de la montagne, nous estimons non seulement le confort, mais encore et surtout la variété dans les promenades de la région. Car en réalité les jours pluvieux sont nombreux, et il est indispensable de faire chaque jour environ sept heures de marche pour atteindre à cette performance qui permet de faire les plus longues et plus belles courses, sans aucun surmenage.

Mais je crains de vous laisser croire qu'il n'y a pas dans le massif du Bernina de sommets de premier ordre; je m'empresse de rendre hommage sans aucunes réticences à la Crast'aguzza, au monte di Scerscen, à la Brèche du Bernina, sans compter les chemins bizarres

Fig. 7. Le massif Palu, Bella Vista, Crast'aguzza.

ou inédits que, sur toute montagne, l'on improvise en cours de route.

Donc me voilà pour la première fois devant une série de sommets dénués de la belle, large et paisible rotondité du Breithorn, qu'à présent je dédaignais bien un peu comme montagne; mais qui m'a laissé un des plus grands souvenirs de paysages alpestres.

Nous partons dès le matin du 13 août pour le tour de la Diavolezza, la plus belle course de glacier de l'Enga-

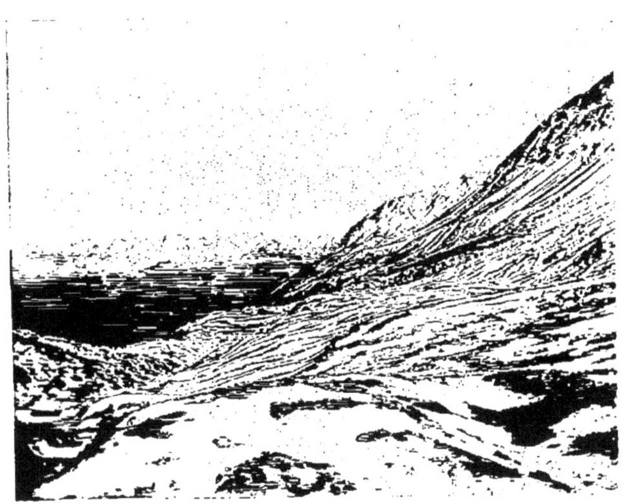

Fig. 8. Les flancs zébrés du Languard.

dine, avec l'admirable vue (fig. 7) sur le massif Palu, Bella Vista, Crast'aguzza et Bernina.

Le 14, départ à 3 heures du matin pour le piz Languard (3,266 mètres) qui est, avec le piz Ot (3,249 mètres), la vigie de la Haute-Engadine. Nous rentrons à Pontresina par le glacier d'Albris et les Maisons du Bernina. Le temps s'était gâté; le vent chassant la neige dans les anfractuosités des flancs du Languard, nous avait composé un paysage zébré des plus extraordinaires. La Pischa et son petit lac étaient encore plus décoratifs, grâce à la couleur violacée et brun chaud de la roche.

Le lendemain nous décidons de faire l'ascension du piz Bernina (4,052 mètres), par la route ordinaire qui fait face à la Diavolezza ; dès l'après-midi nous arrivions à la cabane pour y attendre la nuit.

A 2 heures du matin, réveil. Nous mangeons l'excellent déjeuner copieux et chaud de notre hôte Christian Grass et nous partons à la lueur de la lanterne, lanterne à bougie que tient le guide de tête. Nous marchons dans l'ordre suivant : le guide Martin Schocher, M. Solvay, moi, puis le guide Barandun.

Par le froid de la nuit, c'est réellement une curieuse impression, pour un novice, que de suivre ainsi, — la première fois, — glissant, butant, par un éclairage plutôt rudimentaire, les sentiers, les traces vagues dans les éboulis, de sauter ainsi d'une pierre à l'autre, de côtoyer les ravins, les crevasses, sans rien y voir en somme.

Arrivés sur le glacier de Pers, vers la base du rocher Gemsfreiheit, un orage s'annonce, le versant italien éclaire. Schocher nous déconseille de faire l'ascension ; mais sur nos regrets de devoir rentrer bredouille, il propose de faire tout autre sommet plus facile, comme le Palu (3,912 mètres) par exemple. Il ne nous en faut pas davantage et nous nous dirigeons aussitôt vers Gemsfreiheit et la Fortezza au cri de : « A Palu. »

Le temps devient décidément détestable et dès la base de la Fortezza, rocher qui semble défendre les cimes neigeuses du massif du Palu, une tempête de neige nous assaille. Il fait un froid de loup, et de nos doigts engourdis nous nous accrochons tant bien que mal aux aspérités de la roche. La neige nous fouette et nous aveugle ; le vent devient si violent que nous devons rester parfois un quart d'heure immobiles, cloués au rocher, attendant une accalmie.

Nous étions évidemment « à la corde », c'est-à-dire attachés l'un à l'autre; je dis évidemment, car nous n'étions ni ne sommes de force à suivre les principes des alpinistes qui partent sans guide et sans se mettre à la corde.

J'avais déjà, sans tenir compte du froid qui raidissait mes doigts, quelque peine à grimper ces rochers couverts de neige, et ma maladresse n'était pas sans danger tant pour les autres que pour moi-même; et peut-être serais-je resté une cause d'accident, si heureusement il ne m'était survenu une petite mésaventure due à mon inexpérience. Je croyais, ayant pris mon piolet entre les dents, pouvoir me hisser des deux mains sur une grosse pierre en saillie que je pouvais atteindre en m'allongeant sur le bout des pieds. Au moment où le « rétablissement » était presque opéré, je sentis la pierre s'en aller sous mon poids. Comme un éclair, je vis la chute de 5o mètres que j'allais faire avec mes compagnons et je criai violemment : « Tenez, tenez la corde! » M. Solvay, qui me précédait, avait heureusement suivi les bons principes de conduite qui consistent à tenir la corde à la main et légèrement tendue : d'un mouvement il diminua par une traction le poids de mon corps. C'en était assez pour me permettre de me hisser sur la pierre branlante.

Voilà comment j'ai appris qu'il ne fallait jamais utiliser une roche, quelque grosse qu'elle fût, sans en avoir au préalable tâté la résistance; mais j'eus une fière peur, je vous jure.

Le reste de l'escalade de la Fortezza, dans le vent glacé et la neige cinglante, fut rendu singulièrement difficile par la neige qui adhérait aux rochers et les rendait glacés et glissants.

Au sommet de la Fortezza, où nous prîmes très rapidement une légère collation, nous constatâmes que nos

visages ne formaient plus qu'une masse de neige glacée,
retenue dans les barbes et jointe même aux cils et aux
sourcils. Pour mon compte, je ne pouvais qu'avec peine
ouvrir l'œil droit derrière un rideau de glace. La scène

Fig. 9. Tempête de neige sur le piz Palu.

que j'ai photographiée (fig. 9) était plutôt comique et
elle nous aurait bien divertis, si une onglée monstre ne
nous avait distraits désagréablement et mal à propos.

Nous nous engageons sur l'arête du Palu; le vent
cesse avec la neige, mais une buée opaque nous entoure :
je fais connaissance avec les nuages. Bientôt Schocher,
n'y voyant plus, déclare devoir se diriger à la boussole,
car il ne reconnaît plus les pentes habituellement prises.
Je dois dire que cette ascension se fait ordinaire-
ment en sens inverse, en prenant l'arête vers le Cam-

brena et en descendant le long de la Fortezza par laquelle nous étions montés à cause de notre décision fortuite.

Nous rejoignons deux caravanes en détresse dans le brouillard et à partir de ce moment, et pendant deux heures, doucement, prenant fréquemment ses directions à la boussole, Schocher nous mène par des versants plutôt trop inclinés. Nous arrivons enfin au *bergschrund* (1); mais à un mauvais endroit, le saut est trop profond pour que chacun de nous saute à tour de rôle et puisse s'écarter pour laisser la place au suivant : l'intervalle de chaque cordée est insuffisant.

Nous combinons alors de sauter en moutons de Panurge, vite, vite l'un après l'autre, chacun prenant son élan au moment même où son prédécesseur touche neige, car le pas que celui-ci doit faire pour s'écarter tendrait la corde et le précipiterait inévitablement en avant. Seul Barandun part une fraction de seconde trop tard et la secousse que je lui donne le précipite un peu plus vite qu'il ne voudrait dans le bergschrund heureusement assez hospitalier. Nous sommes sur le versant désiré et nous gagnons le glacier par de longs zigzags serpentants.

Le vent, que nous avions presque oublié, car maintenant il y a beau soleil, enlève le chapeau d'un voyageur et en un clin d'œil, droit comme un trait, il passe à quelques six cents mètres plus haut par dessus le Palu.

Cette ascension du Palu m'est précieuse ; j'y ai fait connaissance avec une tempête de neige, des rochers instables, un froid intense, de la neige glissante sur le

---

(1) La grande et première crevasse qui, près du sommet, fait le tour de la montagne, et de la formation de laquelle il est parlé près la figure 55.

rocher, la perte de la route, la marche à la boussole et le passage d'un intéressant bergschrund. Nous rentrons un peu tard, mais bien satisfaits et avec des souvenirs qui nous charment et nous remuent encore aujourd'hui.

Le lendemain 18, en promenade nous allons au Schafberg (en romanche Munt della Bescha) et nous redescendons par le val Muraigl.

Le soir nous faisons nos préparatifs pour l'ascension des « Schwestern » et du piz Muraigl, dont les arêtes se profilent juste au-dessus de Pontresina. Cette excel-

Fig 10. Les Trais Fluors.

lente course de rochers doit continuer de faire mon éducation si maladroitement, mais si efficacement commencée au piz Palu. La course n'est pas longue et elle présente quelques intéressantes difficultés des plus recommandables pour donner l'assouplissement.

Le 19 août, à Muottas Muraigl, pour manger des truites au bleu, — ne vous déplaise.

Le 20, ascension des Fleurs (les Trais Fluors), crête appartenant au massif du Padella et que l'on atteint en partant de Celerina. Escalade de belle allure (fig 10.) sur des rochers déchiquetés, vertigineux mais solides, avec une *platte* (1) caractéristique.

L'on peut dire que dans toute course de montagne, la majeure partie du chemin conserve l'aspect général qu'ont la plupart des sommets de même catégorie ; mais il y a toujours quelque point remarquable, plus difficile, d'un ordre de difficulté bien spécial qui caractérise en quelque sorte la montagne. Lorsque je pense à une montagne, je vois son « pas » caractéristique.

Fig. 11. La « platte » des Trais Fluors.

Aux Fleurs, le « pas » est donc un rocher, une *platte* de 15 à 20 mètres de haut, inclinée à 60 degrés, et qui, par la gauche,

(1) Les guides, appellent « platte » toute paroi de rocher fortement inclinée sur laquelle les aspérités sont rares et curieuses.

accède au troisième sommet de droite. Quelques aspérités pour y accrocher habilement un ou plusieurs clous
de ses souliers, quelques fossettes pour y crisper ses
doigts suffisent au guide pour arriver au sommet porteur
de la corde. De là il vous la jette, vous vous y attachez
à tour de rôle, et vous prenez le même chemin que lui,
utilisant comme lui aspérités et fossettes; mais avec l'appui — moral — de la corde.

Cet appui moral est considérable. Aux Trois Fleurs que nous avons refaite en 1897, avec le seul et excellent guide Aloïs Supersaxo, de Saas-Fee, je devais rester, je me le rappelle fort bien, à califourchon d'une crête à la base de ce troisième som-

Fig. 12. Un coin des Fleurs de Celerina.

met, en attendant que M. Solvay achève son escalade.
Il me fallut, pour pouvoir saisir la corde que me lançait
Aloïs, faire volte-face sur ma monture de granit, et j'ai dû
constater que ce simple mouvement que je fais habituellement sans hésiter, m'était excessivement pénible parce
que je n'étais plus rassuré par la présence de la corde.
Il me semblait que je pesais un poids énorme et, de

fait, il me fallut déployer un grand effort musculaire des bras pour arriver à me mettre dans la position désirée.

A 4 heures nous rentrions à Pontresina.

La nuit même nous partions à 2 heures pour « faire » le piz Juliers (3,385 mètres), avec Christian Zippert, excellent guide de Ponte, pour diriger la caravane, et, comme toujours, le second guide Christian Barandun ; celui-ci est le seul guide de Pontresina parlant le français, en en exceptant Anton Collani, qui ne fait que les petites courses de montagne.

Le trajet se fait en voiture jusque Silvaplana, où nous descendons. Arrivés à l'Alp Juliers, près du pic, le temps se couvre, il se met à pleuvoir ; nous retournons à Silvaplana. Mais la

Fig. 13. Sur le piz Juliers (3,345 mètres).

pluie cesse ; nous regagnons sans hésiter le piz Juliers que nous faisons alors par un temps merveilleux. Cette ascension est sans difficultés spéciales, car nous ne faisons pas la Brèche ; mais nous nous sommes divertis en escaladant par pure virtuosité — ou pour la photographie — quelques pointes de rochers comme celle que vous voyez figurer ici.

Nous ne rentrons à l'hôtel qu'à 6 heures.

Voici l'occasion, je pense, de dire que nous n'avions et n'avons jamais eu le désir de battre des records de vitesse, ou de rester dans les limites de durée usuelles des ascensions; nous avons parfois constaté que nous nous y étions conformés, mais jamais nous ne l'avons

Fig. 14. La sieste au sommet du Wannehorn (3,905 mètres).

cherché. Lorsque nous trouvons la vue belle, nous prolongeons nos stations sur la montagne (Grosse Wannehorn, une heure et demie au sommet, fig. 14) et nous n'hésitons pas à faire un détour pour passer dans un site intéressant, au risque de mettre un temps indigne d'un virtuose de l'alpinisme.

Nous n'avons aucune prétention; nous nous contentons des pures joies de ce bel exercice, de ces vues admirables et de la satisfaction d'être en brillante santé (vous voyez que je tiens à mon prosaïsme). C'est d'ailleurs une constatation bizarre que de se sentir bien portant, puisque se bien porter c'est n'avoir aucune sensation. Cela confine au paradoxe ; mais je trouve qu'il est honnête de se féliciter lorsqu'on se porte bien, puisque l'on se plaint si vite d'être indisposé.

Le soir même nous partons à minuit de Pontresina pour faire, le 23, l'ascension du piz Bernina (4,052 mètres) par le pizzo Bianco et la Brèche du Bernina (*Berninascharte*). Dès 1 heure du matin, ayant longé le torrent du Roseg, nous arrivons au restaurant du Roseg, où tout est clos, bien entendu.

Ces trajets de nuit en *einspänner* (petite voiture à un cheval) sont fort pittoresques, lorsque la lune se cache ou est absente. Il y a généralement une voiture pour nous, une pour les guides. Dans le fracas du torrent, qui approche et s'éloigne avec les sinuosités de la route, on n'entend que le rythme des clochettes qui change avec le pas des chevaux.

Le conducteur, à chaque montée, descend de son siège, suit à pied, puis remonte et fait claquer son fouet pour repartir. Une seule lanterne à gauche de la voiture, vers le torrent; elle fait se profiler de longues ombres du cheval qui parfois s'effraie de cette apparition sur quelque bloc de granit. Un « hûûho » l'a vite calmé; mais la proximité souvent très immédiate du torrent rend ces écarts assez piquants. A moitié endormi, le visage coupant le vent glacé, l'on s'éveille à chaque fois pour prévoir les éventualités; mais le calme de l'alpiniste renaît aussitôt et la paupière retombe quelques instants après.

En 1897, le 27 août, allant aux pizzi Monica et Cha-
putschin, cela fut plus intéressant; la deuxième voiture
n'avait pas de lanterne et comptait sur la nôtre qui n'eut
de combustible que pour la moitié de la route; il fallut
aller au pas, il faisait nuit noire, nous ne voyions la
route blanche que comme une vague phosphorescence à
quelques mètres devant la voiture, et le cheval prenait
ombrage des fracas mêmes du torrent.

La route pour aller au piz Bernina est bien connue,
par l'Alp Misaun, l'Alp Margun, la moraine et le gla-

Fig. 15. Le glacier du Tschierva et les pics Bernina Roseg.

cier du Tschierva et atteindre ainsi à 6 h. 1/2 la Fuorcla
Prievlusa, au sommet du glacier du Tschierva. Peu
avant, juste au-dessous de la Fuorcla, un seul passage
est dangereux, surtout l'après-midi, à cause des chutes

de pierres provenant d'un des contreforts du piz Morteratch. La seule précaution à prendre est de passer vite.

De la Fuorcla Prievlusa on s'élève rapidement au Pizzo Bianco qui cette année (nous l'avons refait en

Fig. 16. L'arête montante du pizzo Bianco.

sens inverse en 1899 en même temps que la Scharte et le Monte di Scerscen) avait très peu de neige. Il fallut faire le long travail de la taille des marches dans la glace; nous y perdîmes près de deux heures; mais la longue station dans les degrés de glace m'apprit la sensation peu agréable du froid aux pieds en même temps que l'art de se tenir longtemps en équilibre sur une petite marche — dans ces conditions défavorables de température personnelle. Tour à tour le guide Brosi qui nous accompagnait avec Barandun, et Schocher qui guidait une autre caravane, firent cette pénible besogne dont vous pouvez voir la dernière partie de beaucoup la moins inclinée et proche du sommet du pizzo Bianco (3,998 mètres).

Plus loin une nouvelle difficulté, causée encore par le manque de neige : pour arriver au fond de la Brèche, on contourne le premier massif de rochers en passant le long d'un versant fortement incliné vers le glacier du

Fig. 17. Arrivée au sommet du pizzo Bianco (3,998 mètres).

Tschierva, lequel se trouve à 1,100 mètres au-dessous. Cette marche suivant une direction horizontale, avec une trop faible quantité de neige était des plus difficiles; aussi avais-je beaucoup à y apprendre.

D'abord l'observance de la stricte position verticale, car se pencher vers la montagne, tendance naturelle, je

dirai instinctive, amènerait inévitablement le glissement de la neige le long du versant et la chute immédiate du voyageur en avalanche; appuyer son piolet sur
le versant descendant pour se soutenir est également
mauvais ou impossible, car le bras est trop tendu et le
piolet est appuyé en un point inconnu ; en cas de chute,
d'ailleurs, cette position enlève la ressource suprême de
s'accrocher au plus près, à la paroi près de soi, quand
il y a moyen.

Seule la station bien verticale tasse la neige dans la
trace et assure le pas. Mais à chaque passant, si la neige
est rare, la marche s'affaisse peu à peu et il faut, en vue de
sa conservation, passer à pied plat sans donner la moindre
secousse, en y déposant mollement et progressivement le
poids de son corps.

Quant à l'usage le plus efficace du piolet, il consiste
dans ce cas, la paroi étant à gauche, à prendre de la
main gauche le milieu de la canne tenue horizontale-
ment, de la droite la pointe d'extrémité et de planter
le fer dans la neige du versant. On reporte ainsi
une grande partie du poids de son corps sur la main
qui tient le bois de la canne et l'on a un soutien pour
l'équilibre. Il faut remarquer que ce procédé classique favorise la position strictement verticale et réclame
un effort très réduit pour planter la pelle dans la neige.

Les premières fois le conseil semble difficile à suivre
et l'on cherche à se maintenir en plantant le pic de glace
verticalement et vigoureusement dans la neige, d'un côté
ou de l'autre de soi.

Sur cette vue du sommet du Mönch (4,105 m.) (Oberland bernois), vous distinguerez sans doute le voyageur
du milieu agissant correctement dans une situation analogue à celle que je viens de décrire.

A 11 h. 1/2 nous terminons la Scharte et lunchons au sommet du Bernina. Repas très pittoresque ; la place est rare, car déjà deux caravanes s'y trouvent, chacun prenant tant bien que mal une position d'équilibre. J'ai encore la sensation de la mienne ; vaguement

Fig. 18. Au sommet du Mönch (4,105 mètres).

assis du côté gauche, le pied gauche ballant dans le vide, je me tenais de la main gauche au rocher à hauteur de l'épaule, tandis que le talon de mon pied droit par quelques-uns de ses clous tenait à une aspérité du roc et me donnait toute l'assiette nécessaire, si pas désirable. La main droite restait bien libre pour manger.

Avec l'appétit, la soif, la bonne humeur, nos personnes se trouvaient assez commodément installées comme cela.

Le retour par les névés de Bellavista et le glacier de

Morteratch se fait généralement en cinq heures ; nous nous conformâmes à ce temps en rentrant à 6 heures à Pontresina. Il existe une route de retour plus intéressante, le Labyrinthe, formidable cascade de glace située sous le Crast'aguzza, à la base du piz Bernina. Le déversement des énormes blocs de glace est incessant et peu de jours de l'année sont favorables pour passer entre ces masses, sans courir le risque certain d'être écrasé par une chute de séracs. Nous y sommes passés le 18 août 1896, revenant des pizzi Bellavista et Zùpo. Là j'ai compris, en présence de ces blocs inclinés sur leur base bien au delà de la verticale, ne tenant plus au sol que par une adhérence problématique, combien il est indispensable de suivre le conseil de ne passer que sans bruit, sans parler, de peur

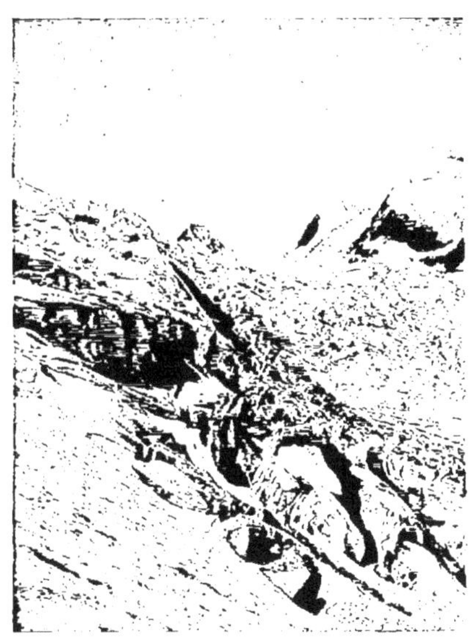

Fig. 19. Le Crast'aguzza au-dessus du Labyrinthe.

de donner par la moindre vibration le branle à cette armée de géants de glace formidables et menaçants.

Le lendemain 24 août, nous faisons avec M. et Mme Alfred Mond, de Londres, M. et Mme Jarmay, de Northwich, ce que nous appelons en termes d'alpinistes hygiénistes, « la cure de glacier », sur le glacier de Morteratch.

Cette cure de glacier n'est pas, je vous assure,' une plaisanterie; faite systématiquement elle pourrait, j'en suis certain, être utile à bien des surmenés de notre époque de suractivité. Réfléchissez-y : il y a sur le glacier une température toujours rafraîchissante, les rayons de soleil « chimiquement et physiquement purs » des hautes altitudes y règnent; vous pouvez donc sans crainte y faire un exercice intensif, une marche réconfortante sans

Fig. 20 Les séracs du glacier de Pers.

être incommodé par la chaleur ou par la lassitude qui s'ensuit ; et toujours de l'air, l'air pur des montagnes.

Le 25 août, nous faisons à nouveau le tour si intéressant de la Diavolezza (fig. 20); cette fois avec nos compagnons de la journée précédente et la famille de M. Charles Warnant, secrétaire général du Sénat de Belgique.

Le lendemain 26, le temps étant menaçant dès la veille, nous allons à Saint-Moritz par le Muottas Celerina et revenons par Cresta-Celerina.

Ces Muottas forment notre principale ressource pour l'entraînement, je vais vous expliquer comment; et vous le prendrez pour un conseil si vous êtes d'accord avec moi ou comme une « simple petite théorie » si vous me la laissez pour compte. Il y a des gens qui ont ainsi une petite théorie pour toutes choses, bien heureux s'ils ne vous l'imposent pas.

Lorsqu'on choisit les Alpes pour y séjourner, y ascensionner surtout, il faut chaque jour faire la promenade d'entraînement, non seulement en distance et en temps, mais aussi en hauteur, progressivement, suivant les natures, les tempéraments, mais toujours lentement. C'est une gymnastique merveilleuse pour les poumons; j'allais dire que cela guérit de tous les maux. Tout exercice d'ailleurs qui améliore l'état de santé général, ce bon vieil état général dont s'inquiétaient beaucoup

Fig. 12. Le Muottas Pontresina.

plus les médecins de nos ancêtres, doit amener la guérison de tous désordres locaux.

Nous prenons donc pour nos courses d'entraînement

des buts présentant quelques cents mètres de hauteur ; les Muottas (de 400 à 1,000 mètres) sont tout indiqués pour cela : Muottas Pontresina, Muottas Celerina, Muottas Muraigl, les cabanes du Schafberg, l'alp Languard, etc. Dans les journées qui séparent les grandes courses, par tous les temps, quand il pleut, nous « faisons des Muottas ».

En sept années, je vous l'affirme, nous n'avons pas passé un jour sans avoir fait nos quelques mille kilogrammètres de travail musculaire, c'est-à-dire le travail représenté par le produit du poids du corps multiplié par la hauteur gravie. Cette naïve considération d'aspect scientifique nous amuse, elle nous plaît, elle est l'expression d'une utilité, donc nous sommes enchantés. Vous pouvez nous gratifier de toutes les épithètes qui confinent à celle de maniaque, vous ne mettrez pas un nuage au ciel bleu de notre enthousiasme. En vacances, notre formule se rapproche de l'adage : Heureux les simples d'esprit !

En juillet 1896, ceci est bien typique, nous étions à Riffelalp avec Mme Solvay et sa sœur, Mme Hermann ; il y avait une période persistante de pluies diluviennes. Chaque jour nous partions sous la pluie battante pour luncher à Riffelhaus, en variant simplement les divers sentiers qui y mènent ; après le lunch, nous allions souvent plus haut, disant plaisamment, mais avec raison, que là il neigerait et que cela mouillerait moins.

Pendant le temps de ces salutaires « ballades » dans les intempéries, les touristes valides des hôtels organisent dans les salons des jeux de sociétés avec prix : ramasser au plus vite six pommes de terre avec une cuillère, souffler une bougie ayant les yeux bandés, conduire à la bride entre des bouteilles, sans les renverser, une personne ayant les yeux bandés, etc. etc. Ils n'auraient pas laissé leur fox-terrier dehors, et ils voyaient revenir à leur grand étonnement, joyeux, couverts de neige, des dames et le touriste à barbe blanche qu'est M. Solvay.

Mais revenons à l'Engadine. Le lendemain de notre Muottas, nous décidons d'aller à la Fuorcla Surlej, entre le piz Corvatch et le Mùnt Arlas; l'on y a vue à la fois sur le massif Bernina-Roseg et sur l'admirable et lumineuse série des lacs de l'Engadine. Arrivés à Saint-Moritz, nous trouvons notre projet par trop anodin et nous décidons d'aller sans guide sur le piz Corvatch

Fig. 22. Le piz Corvatch et son glacier.

(3,458 mètres). Nous empruntons une corde d'alpiniste à l'hôtel Kulm et à l'aide d'une corde à danser, d'un panier de ménagère en sparterie, nous confectionnons un havresac dans lequel nous mettons deux bouteilles de vin et quelques vivres. M. Solvay s'improvise porteur et guide, moi je suis voyageur et photographe. Nous voilà partis. Nous passons par Hahnensee, pour arriver vers midi à la Fuorcla Surlej. En route nous avions rencontré les caravanes de retour du Corvatch, dont les guides nous avaient accueillis par des « *Viel zu spät!* » intensifs qui nous avaient laissés très indifférents.

Le soleil darde ferme, la neige sera mauvaise; mais qu'importe, puisque c'est une escapade! Et remarquez que nous dérogions à nos principes de prudence en allant sans guide; le sommet, il est vrai, ne passe pas pour bien difficile.

Une circonstance encore nous avait influencés. M. Solvay connaissait la route pour l'avoir faite bien des années auparavant (1882), dans des circonstances très spéciales : il était accompagné de Mme Solvay et de quatre enfants encore jeunes. Un guide, dont il a heureusement oublié le nom, l'avait engagé à faire cette ascension avec sa famille en négligeant de faire prendre à la caravane les précautions élémentaires et indispensables, souliers ferrés, lunettes, graisse ou voiles pour le visage.

Je vous laisse à penser en quel état les membres de la caravane, qui ne voulaient pourtant pas rebrousser chemin, sont arrivés au sommet; un d'entre eux y resta même évanoui pendant près d'un quart d'heure. C'était la première ascension de M. Solvay et une des rares qu'il ait faites (Monte Cristallo, Titlis, Pic du Midi), avant l'année 1894, que je vous narre.

Cette fois, pour le Corvatch, nos prévisions pessimistes étaient exactes; la neige n'était plus qu'une bouillie; mais il est vrai que nous avions commencé l'ascension à l'heure où elle se termine habituellement. Nous enfoncions jusqu'aux genoux et cette marche fort pénible me démontrait la juste nécessité de partir de nuit en ascension, afin de profiter des heures où le soleil n'a pas encore ramolli la neige. Cependant tout cela nous donnait une joie de collégiens, et nous nous sommes divertis à imaginer les insolences que nous aurions dites à un guide, s'il avait commis la bêtise de nous conduire au Corvatch, à une heure et dans des conditions semblables.

Je tiens à répéter que nous dérogions à nos principes, car nous ne sommes pas partisans, ou si vous le préférez, comme je l'ai déjà dit, nous ne sommes pas de force à suivre ces vaillants alpinistes qui vont sans guide et même sans corde (autrement que pour se hisser), que tout le monde admire, — mais auxquels cependant les recueils des clubs alpins eux-mêmes, et les plus renommés, laissent toute la responsabilité de leur exemple et de leurs conseils très hardis.

Le lendemain 28, à 2 heures de l'après-midi, nous partons pour la cabane de la Diavolezza, afin de faire le 29 l'ascension de la Crast'aguzza. Nous formons deux caravanes : la première de M. Solvay et moi avec les guides Schocher et Barandùn ; la deuxième, de MM. Alfred Mond et Jarmay, également avec deux guides. Après la soirée passée à voir le coucher du soleil et de superbes « *Alpenglühen* (1) », après une fraction de nuit passée dans les excellents lits de la cabane de la Diavolezza, nous nous levons à minuit, déjeunons et partons à une heure par le glacier de Pers, la Fortezza et les névés de Bellavista, pour arriver enfin à 5 h. 1/2 au pied de la Crast'-aguzza.

Crast'aguzza ! « crête aiguë ». Que le nom est bien appliqué ! crête qui se continue en lame de couteau, tran-

---

(1) Phénomène du rééclairement — merveilleusement coloré — des hauts sommets des Alpes, après la disparition du soleil sous l'horizon. Il est dû aux rayons solaires réfractés et réfléchis par des couches supérieures humides de l'atmosphère.

chante ; mais qui devrait aussi s'appeler crête pourrie, car la roche est totalement désagrégée, elle fuit, elle ruisselle sous vos pieds. A mesure de notre passage, les flancs neigeux de la Crast'aguzza vers les névés de Bellavista sont transformés en champs de menues pierrailles

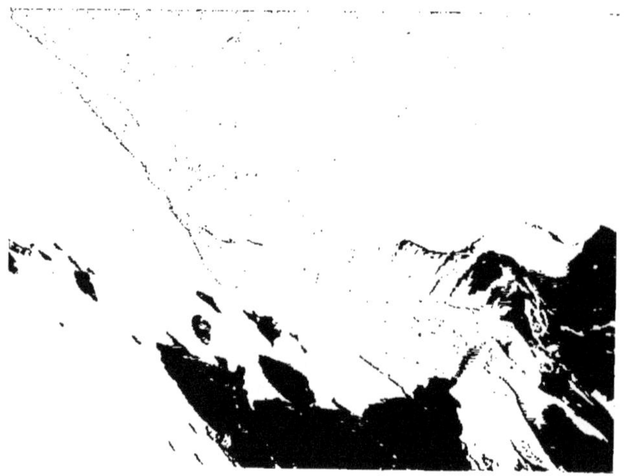

Fig. 23. Le Zupo et la Crast'aguzza, vus du piz Roseg.

et même de gros blocs. L'un de ces derniers, mis en branle par la caravane de M. Jarmay, passe 15 mètres plus bas, à quelques décimètres de Schocher, que M. Solvay a juste le temps d'attirer vers lui.

Le « pas » caractéristique de la Crast'aguzza est celui que l'on fait à la fin de la montée pour atteindre une *platte* qui mène à la crête. Pour y arriver il faut, le piolet entre les dents, saisir une proéminence que l'on ne voit pas, au-dessus de sa tête, dans une position qui va dépasser en arrière la verticale. Pendant ce temps ceux qui suivent sont accroupis sous la pierre, dans une anfractuosité où ils sont trop mal installés, nous disons calés, pour espérer jamais retenir la corde si quelque accident venait à se produire.

Quant à la *platte* elle-même, j'ai pu la franchir au petit trot, à mains plates et pieds à plat, en digne collatéral du singe : il eût suffit de plier légèrement les jambes pour rouler en arrière. Le moyen le plus facile, mais le moins « élégant », est d'y mettre les genoux et de grimper ainsi. Je prends le mot « élégant » dans le sens qu'on lui donne pour apprécier le choix des méthodes dans les sciences mathématiques et physiques.

Je suis prêt à accorder, par exception, à la Crast'aguzza qu'elle a plus d'un pas caractéristique. Des pas! c'est beaucoup dire, car je m'y trouvais plus souvent à cheval, et encore cela me coupait-il horriblement. Par bonheur, malgré mon inexpérience, j'avais pu faire une partie de cette crête dans la position verticale, sur mes pieds, en équilibre pur et simple, le piolet comme balancier; sinon je crois qu'il ne me serait plus resté de pantalon du tout. L'instabilité des éléments de toute cette crête est une réelle difficulté qui s'ajoute encore à son étroitesse : il faut, croyez-moi, une réelle virtuosité pour ne jamais s'asseoir en parcourant cette lame de couteau ébréchée, ayant de part et d'autre de soi 200 mètres de vide

Nous redescendons vers la Fuorcla Crast'aguzza et nous revenons, pour luncher, devant la face par laquelle nous sommes montés et que vous voyez à l'image de la page suivante.

La vue à ce moment disparaît dans des brumes; il commence à neiger. Schocher nous a promis une longue glissade assise dans les névés de Bellavista, et je n'ai

plus de... fond! Pendant que mes compagnons lun-
chaient, il aurait fallu me voir accroupi dans la neige à
la manière des tailleurs, le pantalon en mains, y cousant
un morceau d'étoffe de Liberty, à ramages, qui avait
servi à emballer mes vivres.

La glissade fut fameuse, certainement un kilomètre en un clin d'œil.

En route, les toujours admirables et architecturales crevasses dans le névé de Bellavista; puis
tout le glacier de Morteratch, et nous rentrons
sans encombre à l'hôtel. Le lende-
main, après une dernière « cure de glacier », nous

Fig. 24. Crast'aguzza (3,872 mètres).

reprenons le chemin de la petite Belgique par la vallée
de l'Inn, Innsbrück et Bâle.

Voilà comment s'est passée ma première campagne
d'alpiniste dont le récit, je l'espère, ne vous aura pas
trop ennuyé. J'ai cru, en vous racontant certains détails
de cette année d'apprentissage, qu'il était intéressant de
noter quelle activité peuvent montrer un novice et un
presque novice frisant la soixantaine, et aussi quelles
sont les choses que l'on apprend et que l'on voit. Je n'ai

cependant nullement l'intention de vous détailler les six années qui suivirent et qui sont comme le bénéfice de mon éducation première que vous venez de suivre pas à pas.

D'ailleurs, au sujet de cette première année, nous ne ferons pas les faux modestes; nous déclarons que nous en sommes fiers, et jugez-en vous même par la récapitulation plus claire que j'en fais ci-dessous, mettant en italique les simples courses d'entraînement :

12 août *Muottas Celerina et Saint-Moritz*.
13 » Diavolezza Tour.
14 » Piz Languard et la Pischa.
15 » Cabane de la Diavolezza.
16 » Piz Palu (3,912 m.).
17 » *Schafberg*.
18 » Les Sœurs et le Piz Muraigl (2,982 m.).
19 » *Muottas Muraigl*.
20 » Les Trais Fluors.
21 » Piz Juliers (3,385 m.).
22 » Minuit; départ pour le val Roseg.
23 » Piz Bernina (4,052 m.) avec la Scharte (Brèche).
24 » *Glacier de Morteratch*.
25 » Diavolezza Tour.
26 » *Muottas Celerina*.
27 » Piz Corvatch (3,458 m.).
28 » Cabane de la Diavolezza.
29 » Crast'aguzza (3,872 m.).
30 » *Glacier de Morteratch*.

AYANT ceci à mon actif, vous voudrez bien accorder quelque crédit à mes courts récits et y retrouver les notions d'ordre et d'observation générale que j'ai pu y glisser, et que je vais m'efforcer d'introduire dans ce qui me reste à vous dire. Il me semble toujours qu'une notion d'ordre général vaut mieux que les plus longs récits d'ordre particulier ou personnel ; ne faut-il pas avoir des choses bien intéressantes à raconter, pour ne parler concrètement que de soi? Les remarques d'ordre général, ne feraient elles qu'effleurer le sujet qui vous intéresse, ne seront pas sans utilité si elles sont justes.

Quelle expérience, quelles connaissances, ai-je tirées de sept années d'alpinisme? Quels sont les principes d'entraînement, de marche, de respiration, d'alimentation, de choix de guide, etc., etc. qui me semblent devoir être suivis comme étant les plus recommandables? Je

vous dirai, en somme, tout ce que je pense pouvoir intéresser le grimpeur, et cela autant que possible sans faire
de redite.

Je ne crois que médiocrement à la nécessité d'avoir
des aptitudes innées bien spéciales pour la montagne,
ces qualités s'acquièrent et vous les citeriez vous-
même. Pour le physique : endurance, agilité, souplesse, indifférence aux intempéries, au vide, à la raréfaction de l'oxygène et de l'acide carbonique,... au
moelleux du matelas, à l'heure et la qualité des repas ;
pour le moral : sang-froid, rapidité de décision en face
des imprévus, confiance en soi-même, toutes qualités
qui s'exaltent automatiquement en présence des dangers
constants et réels. Enfin, ce qui est la source du dédommagement de toutes les peines que l'on se donne, le
culte de tout ce qui, dans la nature est grand, beau et
sain.

Il faut tout d'abord dominer le vertige lorsqu'on y est
sujet et ensuite acquérir une certaine dose de sang-
froid devant les difficultés. Ces aptitudes peuvent n'être
pas naturelles et sont alors le résultat de la volonté.
Tel, sujet au vertige, peut arriver à le supprimer par un
exercice progressif, une tension d'esprit, réagissante
continue, volontaire.

D'ailleurs, et cela paraît paradoxal, il y a d'autant
moins de chance d'avoir le vertige, que l'endroit est plus
périlleux. Les passages vraiment difficiles ont toujours
produit sur nous un effet identique ; il semble que l'attention que l'on doit porter à maintenir son équilibre, ou à
trouver le moyen de passer la difficulté, supprime,
absorbe le souci du vide qui règne de part et d'autre,
et qui devrait pourtant vous attirer.

Je suis bien convaincu que si je devais persister à regarder complaisamment le vide, debout dans une situation aisée, je finirais par avoir le vertige que j'avais dans mon enfance et dont j'ai par conséquent la tare originelle.

L'attention volontaire et l'instinct de la conservation suppriment le vertige.

Je crois être à bonne enseigne pour l'affirmer, car depuis un accident qui m'est arrivé au piz Roseg, j'ai une semi-ankylose du pied droit qui me condamne à une attention très grande et à des mouvements parfois bien complexes. Je dois mettre le pied droit très en dehors (en patte de canard), sinon le pied sans aucune force se refuse à me pousser en avant pour replacer l'autre.

Fig. 25. Monte Piano (Tyrol.)

Dans ces conditions, sur les crêtes étroites et rectilignes, ayant sensiblement la largeur du pied (Ober-Gabelhorn, Scerscen, Roththalsattel, etc), je dois, au prix de prodiges d'équilibre, joindre à chaque fois les deux pieds dans une trace, ce qui réduit notablement ma base de sustentation. Eh bien, grâce à ces conditions de marche souvent embarrassantes, toute mon attention est au maintien de mon équilibre, et ce n'est plus que lorsque le passage est franchi, que je songe au vide qui y régnait, pour l'admirer; car il y a un beau vide, comme on dit qu'il y a une belle hauteur.

Au pis aller, dans ces cas de crête étroite, je marche à quatre pattes, mais je conserve la volonté de tomber à califourchon sur la crête au moindre glissement. Cela m'est arrivé sur la crête du Scerscen, à la grande joie des guides Christian Zippert et Anton Rauch, car se remettre debout sur une arête de neige de 15 à 20 centimètres de largeur, ayant de part et d'autre quelques cents mètres de parois presque verticales, ne manque pas de vous faire prendre des attitudes successives qui sont plutôt grotesques.

Je crois pouvoir affirmer que la tendance au vertige est moins intense dans la montagne que sur les monuments élevés; la montée progressive dans la montagne par opposition à l'arrivée subite, par les escaliers, au sommet, aux gouttières ou à quelque lucarne de l'édifice, suffit pour expliquer cette apparente anomalie. Il existe un monument bien favorable à des essais du vertige, l'admirable cathédrale de Strasbourg. Je vous engage à monter dans la flèche, c'est une sensation très intéressante; les éléments pierreux qui la composent sont si fragiles qu'ils déconcertent, la plupart même sont brisés et vous laissent une impression d'insécurité qui, au moral, vous influence défavorablement. Je vous recommande une station sur le petit palier qui précède la dernière échelle; cela vaut l'ascension et vous aguerrira.

M. Solvay, chaque année au début de la période des ascensions, doit chasser, par de violentes volontés, le vertige qu'il sent prêt à s'emparer de lui.

Donc, si vous n'avez pas un vertige maladif, parent

de l'agoraphobie, ayez confiance, vous pouvez par la volonté songer à la possibilité de devenir alpiniste.

Permettez-moi de vous signaler encore une sensation, non classifiée, qui confine au vertige, parce qu'elle est causée indirectement par lui. Je l'ai observée sur moi-même, et notre excellent guide Aloïs Supersaxo me l'a

Fig. 26. La crête du Latemar (2,741 mètres, Tyrol).

confirmée à son propre sujet. C'est le vertige qui se mêle à l'anxiété que vous produit la vue d'une personne exé-cutant des mouvements au bord extrême d'un abîme; bien entendu, ce vertige augmente non seulement avec la profondeur du vide, mais avec la sympathie que vous avez pour la personne que vous observez.

Ce sentiment, je l'ai ressenti au sommet du Latemar, crête de rochers d'où nous avions été admirer le massif du Rosengarten (Karersee, Tyrol). Nous étions assis, Aloïs et moi, en face du couloir par lequel nous devions dévaler ; M. Solvay, toujours actif et intrépide, fit encore quelque cinquante mètres de plus que nous, passant sur ce bout de rocher que vous voyez à l'avant-plan (2,741 m.) de cette vue du Latemar. Je vis Aloïs le suivre de l'œil, comme moi avec anxiété; puis regarder avec affectation d'un autre côté. Je le consultai, au retour de M. Solvay, sur ce qu'il avait éprouvé, et il m'apprit que, comme moi, il ressentait une forme vague d'anxiété mêlée de vertige, et cela malgré la conviction qu'il avait de savoir M. Solvay parfaitement capable de faire cet exercice, et malgré la certitude qu'il avait de pouvoir faire lui-même la chose avec la plus grande facilité.

Le sang froid, après l'absence de vertige, est aussi nécessaire, et même indispensable à chaque pas des régions intéressantes. Le moyen de l'acquérir est tout rationnel, faire quelques ascensions bien choisies, progressives et bientôt l'on acquiert cette assurance tranquille, nécessaire pour affronter les beaux et fiers sommets.

L e mal de montagne n'est pas plus un vice rédhibitoire, il peut disparaître par l'énergie et quelques précautions.

Je ne l'ai jamais ressenti et je le regrette, j'ai pourtant à plusieurs reprises employé tous les moyens pour en être atteint : marche trop précipitée aux hautes altitudes, surtout après le repas. Je ne désespère pourtant pas de pouvoir m'en expliquer un jour par expérience.

L'essai le plus caractéristique, je l'ai fait au sommet du mont Blanc (4,810 mètres). Nous y étions arrivés le le 18 août 1898, à 7 h. 1/2 du matin, après avoir reçu aux

Bosses (4,367 mètres) la cordiale et substantielle hospitalité de M. Joseph Vallot. Nous étions partis à 1 heure du matin des Grands Mulets.

Au moment de mettre le pied sur le plateau du sommet, l'idée de courir à 4,810 mètres d'altitude pour en essayer les résultats physiologiques me passe par la tête; je dépose mon appareil photographique, je me détache

Fig. 27. L'Observatoire du sommet du Mont Blanc (4,810 mètres).

de la corde et me mets à courir de toutes mes forces 20 à 30 mètres aller, puis retour, au grand ahurissement des guides. Le résultat de cette course de 50 mètres fut un colossal essoufflement, qui n'était pas drôle, je vous assure, et que je n'ai surmonté avec peine, qu'en m'astreignant à une respiration peu profonde, lente, et par inspirations et expirations divisées en deux temps, — moyen que je n'explique pas et que j'ai appliqué plusieurs fois avec succès. Mais après cela pas le moindre mal de montagne.

Quant à ceux qui en souffrent, ils sont vraiment bien à plaindre; j'en ai vu, notamment au mont Blanc, la cime par excellence où l'on rencontre des troupes d'ascensionnistes d'occasion, mal préparés et mal guidés; ils font peine à voir, exsangues, les lèvres bouffies, pris de

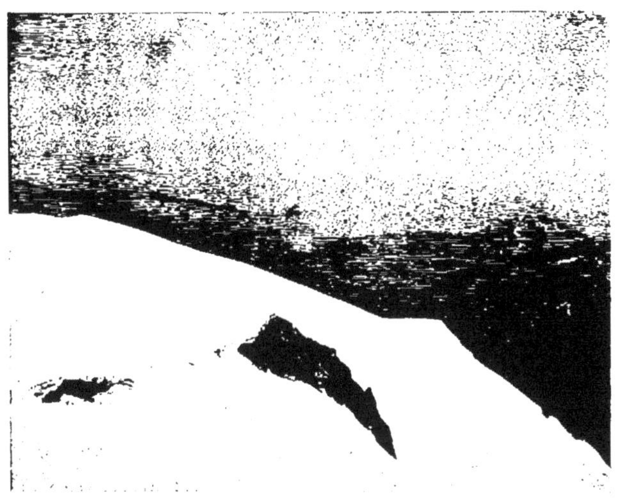

Fig. 28. L'Observatoire et les cabanes Vallot aux Bosses (4,367 mètres).

nausées, d'hémorrhagie nasale, de cette lassitude extrême qui fait dire, comme dans le vertige : « Je ne bouge plus d'ici! »

Qu'il me pardonne de le citer comme exemple, mais tout à son éloge puisqu'il en a triomphé, M. Alfred Mond dont je vous ai déjà cité le nom, était atteint du mal de montagne lorsque nous fîmes avec lui, Schocher et Barandùn, l'ascension des Trois Fleurs à Celerina. Au bout d'une heure, se forçant à *une marche plus méthodique*, il vainquit le mal.

La conclusion en est, que même sujet au mal de montagne, l'on peut songer à faire des courses à toutes altitudes lorsqu'on a quelque volonté.

L'endurance vous est donnée par l'entraînement. Celui-ci peut avoir raison de tempéraments rebelles ou mous, s'il est fait méthodiquement.

L'entraînement comporte des promenades en terrain incliné et des courses de montagne progressivement difficiles.

Toute promenade d'entraînement doit comprendre quelques cents mètres de montée, que l'on augmente journellement suivant les dispositions et l'état de santé du voyageur. Je parle évidemment ici du cas extrême d'une personne peu apte par nature aux exercices physiques. Il faut arriver, dit-on, à pouvoir faire normalement, sans compter le parcours horizontal, 400 mètres de montée par heure dans un sentier de montagne.

La force de l'alpiniste ne consiste pas à faire plus ou moins vite ces 400 mètres, mais bien à pouvoir les faire pendant un grand nombre d'heures consécutives sans ressentir une fatigue épuisante. Cette explication me rappelle la définition si large de l'alpiniste qu'a faite M. Ch. Durier : *On peut classer parmi les alpinistes, toute personne trouvant plaisir à la fatigue réconfortante que procure la marche en montagne.*

Fatigue réconfortante, c'est bien cela ! Comme l'on se sent robuste et calme au retour des plus grandes ascensions, et j'en citerai comme preuve la plus longue ascen-

sion que nous ayons faite, celle du Monte della Disgrazia par le Monte Sissone (Engadine) : vingt heures de
marche, sans compter les étapes de la veille et du lendemain, séparées par deux nuits de trois à quatre heures de
sommeil dans la cabane du Forno (17-18-19 août 1897).

Je dis — sommeil — pour moi, car M Solvay dort
mal dans les cabanes, ce qui ne rend que plus extraordinaire cette cour-
se de trois jours
sans presque de
repos.

Il y a, pour
juger de cette sa-
lutaire fatigue,
deux critériums
que je vous re-
commande et que
je me suis tou-
jours appliqués
pour savoir si —
oui ou non — je
n'avais pas dé-
passé les forces
dont je pouvais
disposer. Si au
retour, j'avais la
sensation parti-
culière de celui
qui n'a plus faim,
parce qu'il a trop

Fig. 29. Le Kœnigsspitze et la Schaubachhutte.

attendu son dîner, je me considérais comme surmené. La
seconde preuve, je la trouvais la nuit, dans l'agitation du
sommeil et les réveils répétés, au lieu du bon sommeil de
plomb qui fait vous retrouver au lendemain frais et dispos.

Ces observations n'ont aucune importance pour ceux qui sont robustes et supportent facilement un excès de travail, mais elles ne sont pas dénuées d'intérêt pour celui qui veut conseiller les novices — ou les faibles mais de bonne volonté.

Après ces promenades méthodiques, l'entraînement se fait en une série progressive d'ascensions ou tout au moins par quelques sommets propres à assouplir, à rompre aux difficultés. Ces montagnes, pour bien faire, doivent s'atteindre facilement, afin de ne pas dépenser les

Fig. 3o. La Payerhutte.

forces du néophyte en promenades jusqu'au pied de la montagne. Je citerai ainsi comme très favorables à l'apprentissage : le Riffelhorn, en venant de Riffelalp; les Schwestern, le Muraigl, même le piz Ot, de Pontresina ; l'Egginer de Saas-Fee ; la plupart des sommets voisins d'Arolla. Aussi les cimes du Tyrol, près Trafoy et Sulden, où les cabanes sont placées parfois à mi-chemin de l'ascension, comme la Payerhutte pour l'Ortler, la Schaubachhutte (fig. 29) pour le Cevedale et le Kœnigsspitze, — de façon à réduire l'effort au minimum.

Je ne veux vous donner pour preuve du judicieux et utile placement de ces cabanes, que l'affluence des touristes à ces sommets des Alpes du Tyrol. Le 28 juillet 1899, il y avait au sommet de l'Ortler, ayant dormi (!!) à la Payerhutte, soixante-dix (70) personnes (guides et voyageurs, dont cinq dames).

Cette facilité offerte à tous est appréciée diversement par les alpinistes : la plupart regrettent le calme et la solitude, favorables au recueillement sur les sommets ; mais je crois qu'il vaut mieux être heureux du bonheur — même encombrant — de toute cette foule, qui peut enfin jouir d'une saine satisfaction, jadis réservée aux plus favorisés de la fortune et de la vigueur physique.

L'équipement qu'il faut pour affronter le froid, la fatigue et les obstacles de la route, n'est pas bien compliqué. En somme, en dehors du piolet, des souliers solidement ferrés, des lunettes fumées, de la corde et de la lanterne, rien de spécial.

Un costume en veston quelconque, surdoublé dans le dos, avec de profondes poches ; une chemise de flanelle, le gilet de flanelle d'épaisseur variable suivant le tempérament, mais plutôt trop chaud ; un chapeau de feutre indifférent aux coups de vent, des gants de laine (qui restent plus généralement dans les poches), un fichu de soie ou de laine qui risque le même sort ; voilà tout le costume, en y ajoutant, si le temps est variable, un pardessus léger, que le guide ficelle au-dessus de son sac.

Quant au piolet, celui du Valais semble le meilleur (celui de dessous dans la figure) : pelle un peu incurvée, toute la face de dessous du pic, et non une arête, taillée en dents de scie ; le manche en chêne à section ovale est d'une fibre longitudinale unique.

Dans quelle intention le manche du piolet est-il de section ovale ? Sans doute parce que cette forme peut se serrer dans la main, plus efficacement que la forme cylindrique.

Fig. 51. Deux modèles de piolets et Martin Schocher.

Mais, que ce soit intentionnellement ou non, cette forme est d'un grand secours lorsque, se trouvant (fig. 56) debout dans une trace de neige fragile, éphémère et ayant enfoncé le piolet profondément — soit pour se soutenir, soit pour sonder le terrain et étudier sa solidité (cas des crevasses), — il faut retirer alors le piolet qui tient rudement dans son fourreau de neige. Si l'on veut opérer une traction sur l'instrument, on augmente son propre poids de tout cet effort de traction, et la solidité de la trace fragile se trouvant compromise, augmente les risques de chute. Mais grâce à la forme ovale, il suffit de donner, en prenant le fer comme clef, un mouvement de rotation de 90 degrés, et il se fait dans la neige un trou agrandi d'où le piolet sort librement.

Il me plaît de croire que c'est dans cette intention également que le manche du piolet a été fait de section ovale et je vous livre cette explication qui est — peut-être — la vraie.

Les guêtres doivent être bien imperméables et souples, à lacets et crochets, en tissus d'Innsbrück, ou mieux encore, une bande de drap que l'on roule autour de la jambe à la manière des pâtres italiens

Les lunettes bleues ou fumées, à coquilles de toile métallique, qui servent à atténuer les effets de l'intense réverbération des rayons du soleil sur la blancheur éclatante des champs de neige.

Puis encore un tube de graisse (lanoline) pour s'enduire le visage, le cou et éviter ainsi l'érysipèle ou coup de soleil, que produit l'action chimique décomposante de la lumière solaire.

Enfin, et ne l'oublions pas, je parle pour moi, mon cher appareil photographique, auquel je dois d'avoir présents à la mémoire, de pouvoir revivre quand je le veux, les instants passés dans ces attachantes scènes alpestres. L'appareil, que je porte toujours moi-même, n'est pas de volume très réduit, bien que le format ne soit que de 6 sur 8 centimètres; il ne comporte qu'une seule vitesse d'obturation instantanée, un diaphragme fixe unique, pas de mise au point; mais les résultats sont ceux que vous voyez illustrant ce texte. J'ai pu prendre des scènes par tous les temps et le plus généralement

des instantanés. Quelques vues seulement avec temps
de pose, très rares ; des intérieurs de cabanes, d'églises,
et aussi un clair de lune qui ne manque pas d'intérêt,
car il démontre qu'avec un appareil d'aussi faible format,
un peu d'attention et de soins, l'on peut prendre tous
documents intéressants. Cette photographie de clair de
lune a été prise le 10 août 1897, à 7 h. 1/2 du soir, du
seuil de la cabane Mortel (2,390 m.), près du glacier

Fig. 32. La lune apparaît au col de la Sella (3,304 mètres).

du Roseg. Nous allions le lendemain faire l'ascension
des pizzi Glütschaint et Sella ; nous avions achevé
notre souper et rêvions en regardant les cimes du
massif du Bernina, lorsque la lune superbe et étince-
lante est apparue au col de la Sella (3,304 mètres), entre
le piz Roseg (à gauche) et les sommets de la Sella. Le

négatif a été obtenu avec une pose de 3o secondes et vous représente exactement une vue de clair de lune et non pas une vue prise au clair de lune, ce qui aurait nécessité au moins 1o minutes, vu la faible valeur actinique des rayons lunaires, et ce qui aurait, par suite du mouvement de l'astre, donné une image ovalisée de la lune. A cette heure, comme vous pouvez le voir, les lueurs crépusculaires éclairaient encore le paysage dans les hauteurs et laissaient le fond du glacier dans la pénombre.

Le beau halo, qui entoure la lune et qui rend le sujet décoratif, est vraisemblablement dû au verre. C'est d'ailleurs une particularité de la photographie que de devenir souvent plus intéressante, je n'ose pas dire artistique, par les imperfections techniques.

Dans un autre ordre d'idées photographiques, le 29 août 1894, revenant de la Crast'aguzza, nous vîmes, à la base du glacier de Morteratch, un superbe arc-en-ciel que je m'empressai de photographier, et qui a donné un négatif très intéressant en tant que document. Je n'hésitai pas un instant à faire ce cliché, sans songer cependant que des discussions fort savantes avaient été faites, dans des ouvrages scientifiques, pour prouver que cette lumière décomposée, incomplète donc, ne devait donner aucune image photographique. Pour moi, avant d'expliquer scientifiquement, j'empruntai la simple logique du paysan et je me dis : Ce que je vois, mon appareil le voit. Les circonstances sont encore analogues lorsque je prends une vue presque face au soleil, et qu'un halo *mange* les contours des objets ; je n'en suis ni étonné, ni peiné, c'est ce que j'ai vu ; j'étais ébloui, mon appareil l'a été.

Avez-vous essayé de regarder le soleil à demi caché par un tronc d'arbre? il semble que vous voyez l'astre presque entier, et le tronc d'arbre tout entaillé. La même chose se verra sur la plaque photographique ; dès lors si jamais le sujet ainsi obtenu est décoratif, cela suffit. défendez votre négatif envers et contre tous, car il est logique et vrai.

A cette même époque mon ami Émile Tassel, professeur à l'École Polytechnique, prenait également une

Fig. 33. Arc-en-ciel au-dessus de Brigue.

photographie d'arc-en-ciel (fig. 33); mais dans un site plus attrayant, celui de la jolie ville de Brigue. Vous y distinguerez aussi ce phénomène intéressant, que tout l'intérieur de l'arc jusqu'au sol n'est qu'une nappe lumineuse.

En résumé, ces deux photographies, qui n'étaient pas banales à réussir, vous prouvent que si, porteur d'un appareil que vous considérez comme primitif et trop réduit, vous êtes témoin d'un phénomène naturel — ou d'une scène sociale — qu'il serait intéressant de fixer, n'hésitez pas, vous pouvez réussir et être utile ainsi à quelque chercheur ou savant en quête de documents.

Mais revenons à notre matériel d'ascensionniste.

La corde et la lanterne font en quelque sorte partie de l'équipement des guides, car ceux-ci portent l'une et l'autre, et seuls, ils font usage de la lanterne.

Nous employons les excellentes cordes de Buckingham de Londres : vingt-cinq mètres pour une caravane de quatre personnes. J'aurai peut-être l'occasion de vous parler de la manière d'en user en ascension.

La lanterne, dite italienne, est pliante, à quatre parois de mica ; elle contient, comme toutes les lanternes de montagne, une bougie qui passe à travers le fond et que l'on remonte à mesure de la combustion.

Ce qui étonne à première vue, pour un appareil d'éclairage destiné à servir dans des régions où domine plutôt le vent que le calme, c'est que la lanterne n'est qu'un simple parallélépipède, sans système spécial rappelant la lanterne de tempête. Il faut donc suppléer à cette primitivité de forme par une habileté de maniement que tous les guides n'acquièrent pas ; la plupart voient leur lanterne s'éteindre à tout instant aussitôt que le vent s'élève un peu ; les jeunes guides surtout s'exercent, bien à contre-cœur, au tour de force de la rallumer malgré le vent. Le secret consiste à conserver constamment la lanterne dans l'ombre de la jambe, si je puis m'exprimer ainsi, malgré le balancement du bras et le mouvement des jambes. C'est une habileté de ce genre que l'on utilise dans certains jeux de société, où l'on doit souffler une bougie placée à une certaine distance derrière une bouteille ; il y a un point spécialement vulnérable, il suffit de le connaître, et dans le cas de notre lanterne ne pas s'y placer.

3.

Ces choses paraissent sans importance, mais si dans la nuit noire, par le froid qui vous invite à marcher, vous devez vous arrêter à chaque instant pour rallumer la lanterne, vous estimerez qu'il vaut mieux connaître ces petits secrets que de les dédaigner, et que, les possédant, vous rendrez les courses de nuit aisées, régulières et agréables.

Mais parlons des guides, ces auxiliaires dévoués et précieux, indispensables à la presque totalité d'entre nous, grâce auxquels les alpinistes soucieux d'accumuler les chances de succès et de sécurité peuvent atteindre les sommets réputés les moins accessibles.

Nous avons pu expérimenter et comparer les guides du Valais, de l'Oberland, de l'Engadine, du mont Blanc et du Tyrol, et force nous est de déclarer que l'*élite* de toutes ces régions est quasi identique comme valeur ; mais le nombre qui compose cette élite est bien variable suivant la contrée. Quant à la moyenne des guides, sa valeur est fort différente au contraire dans chacune de ces régions.

Il est bien entendu que ces considérations ne concernent que la grande ascension et que, pour les courses de moyenne difficulté, les traditions de dévouement et de conscience, qui caractérisent la profession de guide, peuvent suppléer à une partie des aptitudes, des qualités nécessaires, et suffire pour donner toute sécurité.

Mais la grande ascension comporte des difficultés et surtout des imprévus qui nécessitent plus que des traditions ; il faut une nature spéciale, une réelle idonéité, *la vocation*. Or, nous devons constater que l'affluence croissante, excessive des voyageurs, fait naître pendant la saison des voyages une foule de guides d'occasion qui, au demeurant, sont restés plus tailleurs, menuisiers et cordonniers que guides professionnels. Cela est vrai partout, mais plus facile à constater dans la région du mont Blanc (Chamounix), où la situation est exaspérée. Il y a à Chamounix deux cent soixante-seize guides et la demande en réclame toujours. Il ne vous viendra cependant pas à la pensée de croire que sur les 2,450 habitants de Chamounix, il y puisse avoir deux cent soixante-seize habitants mâles de vingt-cinq à cinquante ans ayant les aptitudes nécessaires pour guider dans la

Fig. 34. Allée de séracs au Mont Blanc.

montagne, surtout si vous songez à ce que l'ascension du mont Blanc présente de dangers et d'imprévus lorsque le vent s'élève et que le temps devient mauvais. S'il fait beau, bien entendu, c'est, en partant de Chamounix, la longue et admirable grand'route (fig. 34) qui mène au poteau 4,810 de l'Europe.

J'ai vu, je l'affirme, un guide ayant fait près de trente ascensions du mont Blanc ne sachant comment faire le nœud du premier à la corde; il faisait quelques nœuds l'un sur l'autre comme un marmot ficelant un paquet.

Le reste de son éducation était à l'avenant.

Fig. 35. Martin Schocher de Pontresina.

La moyenne des guides dans l'Engadine ne s'instruit pas suffisamment et reste dépourvue d'idées générales sur la montagne; mais les aptitudes physiques et morales sont excellentes, la bonne volonté et la connaissance de leur propre région sont des plus satisfaisantes.

La moyenne des guides du Valais et de l'Oberland leur est supérieure; elle s'instruit d'ailleurs en passant fréquemment d'une région dans l'autre.

Dans l'Engadine, au contraire, Christian Zippert, dont je vous ai cité le nom, et qui fut un de mes braves compagnons au piz Roseg, est le seul qui ait été faire des ascensions hors de sa contrée natale.

Quant à Martin Schocher, le merveilleux et robuste guide de Pontresina, il avait toutes les aptitudes pour l'ascension dans sa forme la plus étendue ; mais pendant toute sa carrière, il fut retenu, accaparé par tous les alpinistes marquants de la Haute-Engadine.

Il faut reconnaître encore que les guides principaux du Valais et de l'Oberland sont des maîtres incomparables dans la science alpiniste et je me plais à citer comme

Fig. 36. Aloïs Supersaxo, de Saas-Fee.

prototype, notre guide et ami Aloïs Supersaxo, de Saas-Fee, homme éclairé, dévoué et intelligent, membre, d'ailleurs, du Grand Conseil du Valais. Il nous a accompagnés pendant quatre années dans toutes les Alpes centrales, le massif du mont Blanc et le Tyrol. Nous avons eu continuellement l'occasion de constater quelle maîtrise il possédait de son métier : connaissance des montagnes, de la montagne plutôt, connaissance du climat et des conditions atmosphériques. La première de ces sciences est inestimable, elle permet toutes les ascensions en toutes régions; la seconde, toute de flair, évite les voyages inutiles jusqu'aux cabanes, avec le retour bredouille, dans la pluie, le lendemain.

Je suis heureux de le signaler, en ces quatre dernières

Fig. 37. Examen du Monte di Scerscen.

années, ayant fait plus de quarante sommets marquants (sans le menu fretin) avec Aloïs Supersaxo, nous n'avons pas fait, en suivant ses conseils, un seul faux départ.

La connaissance de *la montagne en général*, c'est la pierre de touche du guide, je dirai l'indice de la classe du guide.

Pour le vrai guide, le prédestiné, une montagne, quelle

et où qu'elle soit, est un problème à résoudre et il le résoud sans devoir recourir à des renseignements ou à des essais préalables : un simple examen lui révèle le point vulnérable de la cime. Il n'y a qu'une seule difficulté, comme le dit Aloïs; c'est de traverser de nuit les pâturages et alpages, où il faut connaître les passerelles et les gués des ruisseaux et des torrents Une fois au pied de la montagne, « il en fait son affaire », comme il dit.

C'est cette classe de guides qui escalade indifféremment les sommets des Alpes, de l'Himalaya, des Andes, du Mont Cook..., et chacun sait qu'elle se recrute dans le Valais et l'Oberland.

Le guide de l'autre classe, le guide local, est celui qui connaît *son* pays, *sa* région, *son* massif, *ses* montagnes. Il sait par où l'on accède à tel sommet, où il y a des crevasses, où il faut les passer et, bien que le chemin ne soit pas tracé, cela va sans dire, il sait tant de points de repaire que vous pouvez vous confier à lui sans aucune crainte; fût-il peu habile, il vous conduira au sommet et vous ramènera à bon port.

Remarquez que dans cette classification, je ne parle pas de bons et de mauvais guides; il s'agit seulement d'aptitudes différentes s'exerçant dans un seul métier et donnant des résultats différents, chacun faisant son devoir suivant ses forces, ses capacités et sa conscience.

Ces guides locaux ont une certaine inaptitude à entreprendre des courses qu'ils n'ont pas encore faites en compagnie d'un guide d'élite de leur région ou d'une autre. En voici un exemple.

Lorsque nous ascensionnons dans l'Engadine, nous préférons être accompagnés de Martin Schocher avec Aloïs Supersaxo, deux guides qui ont la plus grande estime l'un pour l'autre. Schocher avait fait

la promesse de nous conduire un jour sur le Münt
Arlas, crête peu parcourue, mais excellent casse-cou,
entre le col et le piz Surlej. Un jour favorable arrivé,
Schocher avait déjà un engagement avec un autre voyageur. Aloïs se mit a la recherche d'un autre guide; mais
il reçut partout cette réponse caractéristique : C'est la
montagne de Schocher, lui presque seul la connaît et
personne ne peut s'engager à y guider. Aloïs prit alors

Fig. 38. Un coin du Munt Arlas.

un guide quelconque, rien que pour partager la charge des
vivres. Puis il nous a menés sur cette crête déchiquetée,
où notre quatrième compagnon était mal à l'aise, sans
jamais s'y reprendre d'un seul pas, jugeant sans hésiter
toutes les possibilités, toutes les difficultés pour les
contourner ou les exécuter avec brio et assurance. Il

créait ainsi de toutes pièces un chemin nouveau, sans hésitation aucune. Voilà bien la caractéristique du guide qui connaît *la montagne*, par opposition à celui qui connaît *ses montagnes*. Ce qui plaît chez celui-là, c'est le plaisir qu'il trouve à exercer son métier, à chercher, à essayer quelque chemin nouveau.

Les conseils que vous donnent les guides ont une valeur adéquate à leur valeur individuelle; ils ont un caractère général ou limité, suivant que le guide appartient à l'un des ordres de classification que j'ai indiqués.

Ainsi, le guide local corrige vos fautes en disant : Mettez votre pied là, et votre main ici. Au besoin il les placerait à l'endroit qu'il veut désigner. Tout cela est fort bien, mais vous laisse malhabile pour toutes les circonstances de l'avenir.

Tout autre est le conseil du guide proprement dit, ses indications sont d'ordre général. Je me rappelle une des premières ascensions faite avec Supersaxo ; nous gravissions les quelques rochers du sommet de la Monica dans le massif du Bernina, et je me montrais peu sûr de mes mouvements ; il me dit simplement : « Vous étreignez les rochers trop près de vous. » C'était un conseil bien général et définitivement acquis à mon éducation; mieux valait ces quelques mots qu'une constante aide physique à renouveler indéfiniment.

Tout cela paraîtra bien simple au lecteur rompu aux ascensions ; mais ces souvenirs sont ceux de mes débuts, et à ce titre, puisque les faits m'ont été utiles, ils seront peut-être instructifs pour d'autres.

Je n'oublierai pas, avant de terminer ces quelques mots sur les guides, de vous engager à vous garder de ceux qui s'adonnent à la boisson; ils deviennent assez nombreux dans toutes les régions, mais je m'abstiendrai de vous citer la région qui a la palme de cet horrible vice. Le vrai guide devrait être, doit être sobre ; mais nous sommes à une époque hélas ! où cette qualité peut à peine s'exiger parce que l'ivrognerie n'est pas assez flétrie, assez combattue. Si des particuliers et quelques institutions privées cherchent à réagir contre l'usage abusif des boissons alcooliques, tous les gouvernements (sauf les pays scandinaves) n'agissent que mollement et indirectement contre l'alcoolisme qui, pour le grand bien des budgets et des fortunes privées, fait dégénérer toutes les races.

Il faut espérer que l'on verra sans tarder surgir quelque haute personnalité morale, européenne ou nationale — d'aucuns disent un réveil de la conscience populaire — imposant les mesures définitives pour la suppression de l'alcool — comme dans les pays scandinaves.

Car c'est la lutte contre la production de l'alcool qu'il faut organiser — et non la fondation d'asiles, de sociétés de moralisation individuelle ou de secours tant pour les alcoolisés que pour leurs victimes — cette lutte seule atténuera, puis dissipera le fléau de l'alcoolisme.

Il faudrait que les Hautes Assemblées des diverses nations fussent convaincues que seules elles sont toutes puissantes en cette question et qu'elles ont la haute mission d'arrêter la dégénérescence rapide et effrayante des populations laborieuses.

Si dans quelque région de la terre devaient se perpétuer des rixes meurtrières, il serait évidemment louable de créer des hôpitaux, des orphelinats .... de se dévouer ; mais celui qui priverait les meurtriers, les bretteurs de leurs poignards, aurait agi — seul — plus utilement que tous les dévouements les plus louables, les plus admirables.

Mais il y a la question du budget ! (pour notre pays,

soixante millions d'*une peu morale recette* annuelle).

Ne croyez-vous pas qu'en supprimant l'alcoolisme, l'on pourrait, — par la diminution des délits et de la misère — réaliser des économies considérables tant sur l'appareil de la Justice que sur les diverses Hospitalisations résultant de la maladie, de la misère, de l'abandon, de la folie, du crime..... et dus à l'alcoolisme.

Si la balance ne se fait pas immédiatement par ces économies, croyez bien que, sans tarder, la population totale de tous les pays, plus saine, plus forte, acquerra une plus-value de production qui créera l'abondance et par suite des ressources nouvelles pour les États.

Mais dans l'état de choses actuel, comme amendement individuel, tout ce que l'on peut obtenir, c'est que celui qui supporte mal la boisson n'en prenne plus au delà de sa mesure; quant à celui qui la supporte, il n'acceptera aucun conseil. Malheureusement pour lui, ou plutôt pour ses enfants, il ne reçoit pas d'utiles avertissements de son organisme; il se tue lentement et, iniquité d'ordre naturel, il se tuera dans ses enfants, dégénérés, incapables et souffreteux.

Excusez cette digression qui me tenait au cœur et revenons à l'alpinisme.

Nous voilà donc équipés, accompagnés de nos guides; nous sommes pourvus des vivres dont je vous parlerai sans doute incidemment et il ne nous reste plus qu'à partir en ascension.

Aussitôt en route, dès le départ de l'hôtel, il faut songer à mettre en pratique les principes de marche que l'on a acquis par expérience et qui assurent le succès dans les ascensions; le succès, c'est-à-dire la satisfaction de pouvoir jouir de tous les spectacles, de tous les exercices de l'ascension, sans être distrait par la fatigue, par l'épuisement.

Cela répond encore à la définition de la bonne santé; il faudrait que le physique fût toujours à la disposition du moral et de l'intellectuel, sans jamais laisser sentir qu'il existe. Cela veut encore dire que l'ascension n'est agréable qu'à partir du moment où la fatigue est supprimée par l'entraînement.

Croyez-vous qu'arrivé au sommet d'une montagne vous puissiez jouir des splendeurs du paysage, si vous êtes rompu de fatigue? Non, bien certainement. Croyez-vous que dans ces conditions d'épuisement vous puissiez éprouver une parcelle de l'agrément qu'en retire celui qui arrive frais et dispos?

Seuls de bons principes de marche peuvent vous permettre de faire une étape prolongée sans ressentir de fatigue : j'ai déjà cité, pour le prouver, notre ascension du Monte della Disgrazia par le Monte Sissone; elle nous a pris trois journées de marche, dont une de vingt heures.

L'alpiniste doit marcher lentement, très lentement lorsqu'il gravit les rampes et encore plus lentement lorsqu'il commence son étape. Il suffit de mettre trop d'enthousiasme au départ, pour compromettre toute une ascension.

Peu à peu le pas s'accélère de lui-même et il est curieux de constater qu'au retour, abstraction faite de la vitesse relative du pas due à la pente, les alpinistes vont plus vite qu'au départ. Il ne s'agit pas ici de les comparer plaisamment au cheval qui sent l'écurie; ce désir de rentrer à l'hôtel n'existe que pour ceux qui se sont surmenés.

L'expérience principale que nous avons faite de l'entrain progressif avec les heures de marche date de 1896.

Nous allions faire le 3 août, avec le guide Gabriel Taugwalder, de Zermatt, les séracs du glacier du Gorner à partir du pied du Riffelhorn, pour remonter par le glacier du Théodule jusqu'à la cabane Gandegg ; puis nous devions redescendre par les rochers à pic de Leichenbretter et remonter le long du Riffelhorn pour revenir à Riffelalp.

Le matin au départ, à la base du Riffelhorn contre le glacier du Gorner, Taugwalder nous montre une *platte* d'un accès difficile ; nous nous arrêtons pour cueillir cette petite difficulté, puis nous faisons la course susdite, dont la deuxième partie

Fig. 39. Les séracs du glacier du Gorner.

n'a pas manqué d'intérêt. Nous traversons à nouveau le glacier du Gorner à la fin de la journée, et nous nous retrouvons en face de notre *platte*. Nous avons voulu savoir alors, par comparaison, quelle influence toute cette journée de rude labeur aurait sur notre aptitude à passer le rocher et, à notre grand étonnement, tant de M. Solvay que de moi-même, ce que nous escaladions assez péniblement le matin, nous l'avons franchi sans plus nous apercevoir des difficultés — « en une, deux, trois » comme l'on dit parfois. Nous bénéficiions de tout l'assouplissement que nous donnait une bonne journée d'exercices, combinée avec l'absence de fatigue qui est l'indice d'un entraînement méthodique et rationnel.

Je dois avouer qu'au début, en présence de joyeux

Fig. 40. Le sentier de Mortelbutte (vallée du Roseg).

et ingambes touristes, il faut une certaine dose de philosophie pour conserver le pas du montagnard, lourdement rythmé, pliant sur les genoux, poussant des épaules, en somme très inélégant (fig. 40); mais plus tard l'observation, le raisonnement et l'expérience vous laissent inébranlable sur ce chapitre.

Voici une troupe de touristes qui gravit comme vous le sentier, ils ne partent que pour une fraction de journée en excursion, — vous, vous allez à la cabane et demain matin à la montagne. De suite vous êtes dépassé, souvent avec affectation. Un quart d'heure après les touristes sont en avant, bien loin. Rassurez-vous, si par bonheur — ou malheur — leur course dure plus de deux heures, ils s'assiéront d'abord quelques fois ; puis ils sentiront la fatigue les envahir et bientôt, incapables de continuer, ils vous verront passer devant eux toujours du même pas, sans qu'ils songent que ces marcheurs dont ils se moquaient, vont encore aller de ce train, toujours montant, tout le restant de la journée et tout le lendemain.

Et ils comprennent encore moins que c'est parce que nous allons si lentement, que nous irons aussi loin. Cette antique considération est vraie en alpinisme, aussi vraie en français qu'elle l'est sous forme d'adage italien.

Enfin le lendemain, pendant les heures où vous achèverez votre ascension, comme prix de leur minuscule et imprudente course, vos touristes soigneront leurs courbatures ou feront longue figure à quelque superbe excursion dans la vallée.

C'est aussi, j'en suis convaincu, à la consciencieuse observation de bons principes de marche, que nous devons notre immunité pour le mal de montagne ; c'est dire que je crois que cette indisposition est due principalement à la fatigue, à l'épuisement relatif.

Il y a évidemment des tempéraments qui résistent à des courses précipitées : ce sont de rares exceptions. Néanmoins, s'ils pouvaient voir devant eux fonctionner désespérément leur cœur, qui dépense toute l'énergie dont ils abusent, ils seraient effrayés et bien vite rappelés à l'ordre du sens commun. Ceux-là d'ailleurs, c'est après quelques ascensions ou quelques années qu'il faut les observer : de secs et résistants qu'ils étaient généralement, ils deviennent d'une nervosité et d'une agitation maladives. Au lieu de raffermir leur organisme, ils rentrent chez eux émaciés, agités, nerveux — mais fiers.

Faisant en 1898 l'ascension du Mönch par la cabane Concordia (glacier d'Aletsch), nous avons vu une petite caravane d'un voyageur et deux guides. Le voyageur m'a été signalé par Aloïs Supersaxo, comme faisant les ascensions en des temps extraordinairement courts. Les trois ascensionnistes venaient de Grindelwald par la Berglihutte. Ils sont arrivés au pied du Mönch, très long-temps après nous, et ont atteint en même temps que nous

Fig. 41. La Jungfrau vue du Mönch (4,105 mètres).

le sommet. Ils ne se sont même pas donné la peine de s'y arrêter, et cependant la vue était claire, admirable comme vous pouvez en juger par cette image que j'ai prise à ce moment dans la direction de la Jungfrau.

Supersaxo me dit que chaque guide pourrait citer des

noms de voyageurs avec lesquels ils n'acceptent d'aller que quelques fois, qui se font un point d'honneur, si pas de faire des records, au moins d'harasser les guides. Mais, — il y a un mais — toujours au bout de peu d'années, ils ne reviennent plus dans les Alpes ; ils sont, pardonnez le mot, fourbus définitivement.

A ceux-là appliquez le reproche de faire des fatigues, de risquer leur vie sans utilité ! Vous pouvez, par leur exemple, sentir de façon plus intense ce qu'il y a d'illogique, d'inutile dans les ascensions, si elles n'ont pas pour but, soit un travail scientifique, soit une augmentation des connaissances — ou seulement la recherche de la santé indispensable pour remplir utilement toute profession.

Donc marcher vite en montagne, pour la galerie comme l'on dit, pour faire des records, cela se paie immédiatement ou, ce qui est plus grave, à la longue par quelque désordre du cœur ou du système nerveux.

Je replacerai ici cette paradoxale petite considération : Heureux ceux qui dans l'excès sont faibles, ils sont avertis du danger par leur organisme.

Si la certitude d'atteindre au malaise et à la fatigue immédiate ne suffit pas à arrêter vos transports enthousiastes, croyez bien que par vos repos successifs pendant le trajet, vous perdez — et plus — le temps que vous gagnez par vos à-coups de marche précipitée.

Cela me rappelle le mot bien connu d'un alpiniste célèbre auquel on demandait le temps nécessaire pour atteindre un sommet : Si vous allez lentement, disait-il, quatre heures ; si vous allez vite, six.

Dans les endroits difficiles, les rampes fortes, les altitudes les plus élevées, c'est la respiration qui doit donner le rythme à votre pas. Il ne faut pas que la marche donne lieu à essoufflement. L'essoufflement ne peut se présenter que dans les points périlleux où plusieurs pas *doivent* être faits coup sur coup; encore faut-il qu'un arrêt compense aussitôt cet excès.

Suivant la pente — il s'agit ici d'une marche en terrain uniforme, comme les champs de névés par exemple — on ne fait qu'un pas par inspiration, par deux et même trois inspirations.

Fig. 42. Un névé de l'Ober Gabelhorn.

La respiration est d'ailleurs plus accélérée que dans la vallée, d'abord à cause de l'exercice même, ensuite parce que la raréfaction de l'oxygène réclame, non seulement l'inspiration d'une plus grande quantité d'air en volume, mais encore un nombre plus grand des mouvements respiratoires. J'appelle votre attention sur les mouvements qu'exécute le thorax dans ces conditions ; c'est un exercice par soi-même et il suffit déjà, seul, pour expliquer l'influence régénérante de la cure d'altitude. Il y a pour les muscles du thorax tout un travail inaccoutumé, analogue à celui de nos autres muscles lorsque nous les faisons fonctionner dans les exercices gymnastiques ou... alpinistes. Il est très intéressant de mesurer le tour du thorax sur les hauts sommets : l'état normal y correspond à l'état de profonde inspiration faite dans nos régions basses. Tout le mécanisme de la respiration, moteur de notre circulation, se fait donc aux environs de notre amplitude maximum habituelle et cela explique, puisque c'est bien une gymnastique à proprement parler, la sensation de bien-être que l'exercice seul de la respiration procure dans les Alpes.

Il ne faut pas craindre dans les montagnes, de respirer par la bouche, et non plus exclusivement par le nez, comme dans l'atmosphère contaminée de nos villes. L'excès de volume à inspirer pendant les exercices vous y oblige déjà et de plus, en raison de la pureté absolue de l'air, vous n'avez plus que faire de l'usage de vos narines qui, en dehors du siège de l'odorat, sont encore dans les villes, comme le filtre qui vous défend de certains microbes aériens.

Mais, direz-vous, l'entraînement ordinaire pour la marche en plaine ne permet pas de faire des traites de quinze, dix-huit, vingt heures, comme dans les ascensions. Il y a là évidemment une anomalie faite pour étonner, mais l'on doit reconnaître, ce qui paraît paradoxal, que la marche en plaine est beaucoup plus fatigante que la marche en montagne. Celle-ci ne produit pas dans les articulations cette impression cuisante que donne la marche rythmée, régulière, rapide du troupier ou de l'homme de plaine. Il faut en trouver la raison dans la lenteur obligée du rythme en montagne.

La sensation de fatigue est donnée par les produits de désassimilation de nos tissus consommés par l'exercice que nous avons fait. Ces produits, particulièrement des acides, séjournent dans nos articulations, dans nos muscles, les raidissent, leur ôtent leur souplesse et reportent anormalement les efforts sur le tendon non contractile. Les produits de cette combustion organique doivent s'en aller par la circulation et la transpiration. Dans la marche de plaine, à rythme rapide, ils s'accumulent avec excès, en un temps fort court, en raison des efforts très répétés ; tandis que dans les efforts espacés, souvent considérables de la marche en montagne, la circulation et même l'exsudation peuvent remplir leur rôle à mesure de la formation des déchets — j'allais dire des cendres.

Un essai est bien facile à faire, pas à la montée bien entendu, où la respiration est toute maîtresse ; mais à la descente. Après quelques heures de marche — sept, huit heures — descendez doucement, puis une autre fois rapidement quelques cents mètres, et vous en jugerez.

Nous l'avons essayé par nous-même : De l'Eggishorn (hôtel Jungfrau), nous sommes descendus jusque Fiesch en quarante-cinq minutes par le chemin des bois, le lendemain d'une ascension de seize heures. Cette petite course nous a donné le lendemain dans les genoux, une sensation que nous n'avons pas ressentie après la descente du mont Blanc, ce qui comporte cependant 3,800 mètres de descente jusque Chamounix, après sept heures de montée.

Je vous signale tant de menues précautions de toutes natures, que vous pourriez croire qu'elles nous préoccupent et nous dominent ; c'est une erreur. Ce que je vous en dis, je l'ai acquis en cours de route, par pur esprit d'observation, et je vous le communique à titre d'enseignement ou de curiosité.

J'ajouterai que nos principes de marche lente ne sont

pas excessifs, puisque, tout en les appliquant, nous sommes presque toujours restés dans les limites de temps qu'assigne la tradition pour les différents sommets. Chaque fois que nous avons dépassé ce temps, ce fut pour prolonger nos heures de contemplation, cueillir quelque difficulté ou nous entretenir des différences et analogies entre les spectacles que nous avions sous les yeux et ceux que nous connaissions déjà.

Je vous ai indiqué plusieurs fois le nombre des heures de marche, j'y comprenais la durée des haltes, plus ou moins régulières, que l'on peut évaluer au plus à une demi-heure par trois heures de route, c'est-à-dire qu'une ascension que j'indique comme étant de dix-huit heures, comprend *au moins* quinze heures de marche et *au plus* trois heures de repos. Les arrêts servent notamment aux repas (fig. 43), et ceux-ci sont nombreux, car les guides, gens robustes, sont toujours prêts à faire honneur aux victuailles.

Cette habitude des repas fréquents peut pourtant être nuisible aux voyageurs, moins accoutumés aux ascensions ; car le travail de l'attention que nécessitent les difficultés, peut produire un ralentissement de la digestion, des maux de tête et même les phénomènes du mal de montagne.

A notre début, nous croyions que, faisant un travail excessif, nous devions refaire constamment nos forces et nous nous efforcions de prendre part à chacune de ces collations. Supersaxo s'est élevé contre cette manière de voir, et c'est fortuitement que nous avons pu constater que, comme il le disait, il vaut mieux se contenter d'un minimum assez réduit, et réserver tout son appétit pour le retour.

Le cas fortuit auquel je fais allusion, est relatif à notre ascension de la Jungfrau ; il nous fut prouvé que le minimum de nourriture pouvait être étonnamment réduit, sans qu'il en résultât aucune inaptitude aux exercices musculaires.

Le deuxième guide, Albrecht, de l'hôtel Jungfrau à

Fig. 43. Repas à la base du piz Zupo (Engadine).

l'Eggishorn, devait nous retrouver dans la nuit, tandis que nous partions dès l'après-midi (fig. 44) pour dîner à la cabane Concordia, sous le *Faulberg* du glacier d'Aletsch. Toutes les instructions avaient été données par Supersaxo, pour qu'Albrecht fût porteur de nos victuailles habituelles, poulet froid. viande froide, — fumée et séchée, — fromage, pruneaux secs et bonbons anglais ; quelques bouteilles de vin.

Nous partons à 2 heures du matin de la cabane où, par parenthèse, nous avions fait la veille un excellent repas. Nous parcourons, en quatre heures, le dernier tiers de l'interminable glacier d'Aletsch ; nous gravissons le Kranzberg qui précède le Roththalhorn et nous décidons de faire un repas à cet endroit, en prévision des difficultés que nous voyons devant nous et qui retarderont un peu notre arrivée au sommet. C'est alors, il est 6 heures,

Fig. 44. En route sur le glacier d'Aletsch.

que nous nous apercevons qu'Albrecht est porteur en tout et pour tout d'une bouteille et demie de vin. Aloïs était navré. Cela nous fit éclater de rire, bien qu'ayant la perspective de sept heures de marche au moins, par une superbe journée qui, plus tard, promettait d'être torride. En fouillant bien son sac, parmi les cordes, les guêtres, les bougies, les rouleaux de bandes, Aloïs trouva encore, reste de la précédente ascension au Grosze Windgälle de Maderan, une douzaine de bonbons anglais du type appelé « Albert ». Nous bûmes gaiement la demi-bouteille et, après quelques minutes de repos, nous prîmes le chemin de la Roththalsattel, qui fut un rude passage comme vous le verrez (p. 106) ; enfin de là au sommet, où nous arrivâmes à 9 heures. Le vent y soufflait, il gelait ferme ; nous n'avons pu y demeurer que quelques instants. Puis nous prîmes la même route pour le retour.

Au Kranzberg, nous faisons un arrêt d'une demi-heure ; le soleil est chaud et réconfortant. Nous prenons chacun les trois biscuits qui nous échoient à égalité, et nous les arrosons de la mixture qui se compose en mettant un peu de vin avec beaucoup de neige dans le gobelet, puis en tenant celui-ci entre les mains pour obtenir la fonte du mélange.

Pendant le reste de l'ascension, notre soif fut étanchée plutôt mal que bien par ce procédé primitif et nous rentrâmes à la cabane Concordia dans d'excellentes conditions de gaieté et de santé ; puis, de là, en trois heures à l'hôtel Jungfrau.

Voilà donc une ascension comportant seize heures de marche — de 2 heures du matin à 6 heures de l'après-midi — sans autre nourriture que trois bonbons anglais et moins d'une demi-bouteille de vin par personne. Notre dernier repas s'était fait la veille, à 6 heures du soir.

Ayant retiré de cette journée l'excellent avis qu'il est inutile de se nourrir beaucoup en ascension, nous avons depuis lors considérablement réduit nos vivres : quelques œufs crus, de la viande séchée, des bonbons anglais et des fruits secs pour activer la salivation qui tend à être insuffisante par l'exercice et par la sécheresse excessive de l'air des hauteurs.

Quant au choix de la boisson, c'est une question d'appréciation individuelle; les avis des alpinistes sont donc fort partagés. Mais il est clair que l'usage de l'alcool est inutile, tout au plus a-t-on l'occasion parfois d'en mettre quelques gouttes pour couper la crudité de l'eau des glaciers — dont il ne faut user aussi qu'avec prudence. Un certain nombre de voyageurs prennent du thé, sucré ou non; la plupart emportent des vins du pays ou de la Valteline, de plus rares préfèrent les bières à amertume prononcée.

Si vous voulez vous faire une opinion sans parti pris de la valeur de ces diverses boissons, séparez, ce que l'on ne fait pas toujours, le plaisir d'étancher fréquemment sa soif d'avec le désir de la supprimer par un minimum de liquide. Nous avons fait divers essais dans les deux manières de voir, et si cela peut vous intéresser, je vous dirai que j'ai grand plaisir à me désaltérer au vin blanc suisse et M. Solvay à la bière de Pilsen; mais nous sommes d'accord pour constater qu'en buvant très modérément de champagne léger, on peut diminuer la sensation de la soif et réduire la quantité de liquide que l'on emporte de deux à trois fois en volume.

J e m'aperçois, vous me direz que c'est tardif, qu'après
avoir abordé tant de sujets, je n'ai pas encore dit
un seul mot de la montagne, des montagnes,
causes premières de toutes ces digressions.

Quelle est leur valeur intrinsèque ou relative au point
de vue de l'ascensionnisme? Je voudrais aussi pouvoir les
décrire au point de vue de leur aspect, de leur valeur
esthétique ; appliquer à chacune l'épithète, le qualificatif
exact que mérite la sensation qu'elles m'ont donnée et
refaire ainsi le referendum qu'ont déjà fait des corps d'alpinistes : attribuer au plus beau et plus fier sommet, la
palme de la majesté, de la beauté.

Je déclare que je vote pour le Cervin ! Droit, fier, cristallin, menaçant le ciel lorsqu'on le voit de face, il prend
de profil l'attitude haineuse d'un sphinx de granit, dont
un gigantesque effort des éléments aurait rasé le museau.
Allez voir, de la vallée de Zmùtt, cet air mauvais, il
vous en restera une réelle impression.

J'ai le plus grand respect pour cette ossature, pour ce squelette qui a résisté en vainqueur, seul, au milieu des affaissements formidables qui ont formé autour de lui des vallées profondes où coulent les glaciers et les eaux du massif presque entier du mont Rose.

Les deux sommets qui eurent, dit-on, les honneurs du dernier poll, sont la Jungfrau et le Cervin. Je ne sais quel

Fig. 45. Le majestueux mont Cervin (4,482 mètres).

en a été le résultat; mais à mon humble avis, la belle Jungfrau ne serait rien sans les joyaux neigeux et éclatants du Silberhorn et du Schneehorn. Dès lors, malgré tout le respect que je lui dois, je soutiens qu'elle n'est pas la plus belle, si les bijoux sont indispensables à l'éclat de sa beauté.

Je le répète, je vote pour le Cervin.

Toutes ces considérations de pur enthousiasme ne

sont pas de ma compétence, tout au moins dans leur expression, et je voudrais trouver l'écrivain qui me rende par la chaleur de sa parole, les puissantes et douces sensations de la vue des montagnes. Notez bien que je parle ici des sommets vus des vallées, c'est-à-dire tels qu'ils sont accessibles au plus modeste des touristes.

Peut-on jamais se rassasier de voir des sommets à cime neigeuse, et même a-t-on jamais assez vu un beau sommet? Cela vous paraît excessif, et cependant cette idée est banale chez ceux qui aiment la mer. Ceux-ci réfutent l'analogie en disant que la mer est incessamment changeante, et la montagne pas.

La vague est indéfiniment variée, — je vous l'accorde, — mais le paysage marin, dans son ensemble, varie comme le paysage alpestre avec l'heure, le temps, le brouillard, la saison, bien que l'un soit composé d'éléments fixes, les roches, et l'autre d'éléments mobiles, les vagues. Je chercherai plus tard à vous faire partager mon sentiment; mais d'avance contre vous qui défendez la mer, j'aurai toujours un avantage : j'aime et la mer et la montagne.

Je dois donc laisser aux heureux poètes de peindre la forme et l'âme de la montagne, je me contente d'en jouir; mais je me réserve de vous décrire, tant bien que mal, comment pour l'alpiniste se présente sa matière.

La première division que fait l'alpinisme, et cela classe aussi les voyageurs eux-mêmes, c'est la montagne de neige et la montagne de rochers.

Puisque, être exclusif vous prive de maintes satisfactions, en tous ordres de choses d'ailleurs, il faut s'attacher à trouver des charmes aux aspects, aux difficultés de marche des deux catégories de sommets. Mais, dans le choix qu'en font les alpinistes, il y a peut-être un réflexe du tempérament : tel n'aime pas les sommets blancs, parce qu'il résiste mal aux longues stations dans la neige; tel autre n'aime pas le rocher, parce que les paysages n'ont pas la grandeur et la lumière des monts de neige — ou simplement parce que, médiocre grimpeur, il se sert moins habilement de ses mains que de son piolet.

La marche dans les névés — qui caractérisent les blancs sommets — est une marche régulière qui a son charme et son hygiène (note du podagre); mais elle atteint parfois à une monotonie telle, comme le disait M. Solvay au sujet du mont Rose, que cela finit par exercer une réelle action déprimante sur le voyageur. Je n'ai pas eu l'occasion de faire l'ascension de cette montagne qui présente à son sommet, après d'immenses névés, une crête rocheuse des plus intéressantes.

L'escalade des rochers constitue, au contraire, il faut le reconnaître, l'exercice le plus varié, le plus complet, le plus réconfortant; il ne laisse pas sans usage un seul muscle du corps entier. Mais la continuelle attention à donner pendant trois, quatre, cinq heures à chacun de ses pas, à chacune de ses attitudes, vous fait parfois aspirer à la monotonie du champ de neige; c'est le cas du Wannehorn (Eggishorn), de l'Egginerhorn (Saas-Fee), de l'Albris et du Monte di Scerscen (Pontresina) lorsqu'on en suit bien consciencieusement toutes les crêtes.

Mais nous déclarons que c'est une faiblesse que de se laisser aller à aucune de ces considérations déprimantes, dues à la monotonie ou à toute autre cause, puisque le résultat hygiénique demeure.

Pour les deux catégories de montagnes — neige ou rochers — il faut considérer séparément les difficultés et les dangers, non compris ce qui est inhérent aux intempéries.

La difficulté d'un sommet, je l'ai dit, reste caractérisée dans l'esprit par un « pas », par un passage particulier;

mais il faut encore considérer la difficulté générale de la montagne.

Qu'est-ce qu'une montagne difficile, me direz-vous? C'est celle dont le *chemin le plus aisé* pour atteindre au sommet reste *difficile.* Il est clair que partout, sur la moindre colline, il y a des passages difficiles, périlleux, impossibles même. Encore mieux, chez moi, il y a un chemin facile pour monter aux étages, c'est l'escalier; c'est incontestablement une ascension facile. Cependant pour les amateurs, il y a par la façade, à cheval ou debout sur la rampe, des chemins de difficultés diverses qui ne peuvent servir à dénommer, à classifier le mode d'accès dans mes appartements.

Mais quant à l'aspect, peu de sommets sont totalement blancs; généralement l'ossature perce par-ci par-là aux endroits les plus rudes d'accès, où la neige n'a pu tenir en raison de l'excessive pente. Dès lors notre classification générale, comme toute classification quelconque, doit pécher à chaque instant dans son application : il n'y a que l'exception qui soit précise. D'abord l'orientation des versants vient marcher dans les plates-bandes de nos savantes définitions; vers le nord presque tous les sommets sont neigeux et ceux même que l'alpiniste classe parmi les montagnes sèches, sont blancs tout au moins à leur base. C'est là une raison d'ordre permanent qui déroute l'observateur non prévenu et elle nous oblige de concéder que la montagne est dite de neige lorsque sa face d'accès est neigeuse, lorsque cette face est la plus caractéristique, la plus belle, ou seulement lorsque le versant vu de la région la plus fréquentée est de neige. Raison de touriste ou raison d'alpiniste.

Voilà qui semble plus clair, n'est-ce pas? Mais cependant si vous vouliez appliquer ce mode de division, vous vous buteriez bien vite à de nouvelles circonstances, non plus permanentes comme l'orientation, mais passagères comme les intempéries.

Ici se place l'objection que j'ai présentée, en déclarant que la montagne est aussi changeante que la mer. Le moindre mauvais temps, la brume qui en mer coupe notre horizon, fonce, verdit, brunit ou grise les flots, ce mauvais temps, ces nuages se mouvant sur les flancs des montagnes les ont coupées en mille aspects; enfin l'horizon a disparu pendant que la neige tombe sur les sommets et que la pluie arrose les alpages.

Mais les buées passent et il reste un nouveau paysage. Toute la chaîne des montagnes est saupoudrée, silhouettée de neige, merveilleux décor! et peu à peu cette neige fondra en tableaux variés et successifs.

A vous démontrer ceci, je finis par trouver que je n'ai pas été assez exclusif et je me demande si ce n'est pas la montagne qui est plus changeante que la mer. Et le soir! et les *Alpenglühen!* Non, décidément, je rétracte ma faiblesse et je déclare hautement que le spectacle de la montagne est plus varié et qu'il peut se contempler plus longtemps que celui de la mer. Je ne veux plus y mettre de ménagements et j'insiste pour que vous croyiez avec moi que non seulement les paysages, vus de chacun des sommets, sont bien différents les uns des autres; mais que, de plus, un même sommet peut donner des aspects indéfiniment variés.

Au début de mon récit, j'ai aussi touché cette première objection que l'on fait généralement et qui consiste à douter de l'intérêt qu'il y a de contempler les vues sur beaucoup de sommets différents. Ce doute paraît justifié pour celui qui a peu vu, pour celui qui ne connaît pas la montagne; mais tout autre est l'avis de celui qui l'a pratiquée.

N'est-ce pas une objection analogue qui nous fait dire

que nous ne pourrions distinguer qu'avec peine différents nègres entre eux, — ce que nous cessons immédiatement de penser lorsque nous avons l'occasion d'en ren-
contrer fréquemment. Tous les moutons d'un troupeau
sont identiques pour le passant; mais le pâtre les dis-
tingue tous les uns des autres et il a même une joie inté-
rieure à voir les plus parfaits, les mieux découplés, les

Fig. 46. Le Cervin avant la tempête.

plus sains et aussi ceux auxquels il a donné le plus de
soins et de peines.

Accordez-moi aussi qu'il y a toujours la joie du nouveau, de l'acquisition nouvelle consciente, pour qui connaît, pour qui est instruit, pour qui sait.

Mais le sommet — seul — dominant sa vallée, ses
pâturages, ses alpages, ses villages et ses glaciers ruisselant

vers la plaine, vous êtes prêts à croire à ses aspects infiniment changeants. Car déjà vous avez évoqué avec moi
les vapeurs, les buées, les nuages, la neige, la pluie, les
clartés de l'aurore et du crépuscule, celles qui précèdent
l'orage, la limpidité de l'atmosphère après la pluie, tout
ce qui se place comme autant de prismes devant la montagne — et tout cela contemplé par un citadin conscient

Fig. 47. Le Cervin après la tempête.

de la beauté de la nature, heureux de sa liberté passagère,
car il a laissé bien loin là-bas tous les soucis pour son
retour. N'est-ce pas vraiment quelque chose!

Mais revenons à la montagne qui vous a paru de neige
parce que vous l'avez vue au lendemain d'un orage. Dans
ces conditions les rochers couverts de neige fraîche sont
impraticables et la montagne n'existe plus pour l'alpiniste;

il faut qu'il attende la bonne aide des rayons du soleil.

Ainsi nous avons été quatre années consécutivement à Zermatt pour faire l'ascension du mont Cervin, et à chaque fois nous avions une période de pluies et de tempêtes qui rendaient le sommet inaccessible.

Ces deux photographies du mont Cervin (fig. 46 et 47) prises en août 1897, à deux jours d'intervalle, après une tempête, sont, je crois, plus démonstratives que des paroles, — et la vue (fig. 48) d'une partie de l'ascension faite normalement (12 août 1898), vous prouvera l'impossibilité de s'aventurer sur de telles pentes lorsqu'elles sont couvertes de neige fraîche, légère, instable, prête à partir en avalanche.

Fig. 48. Sur le versant du mont Cervin.

Mais ne trouvez-vous pas que le bel aspect du Cervin couvert de neige fait bonne justice de l'opinion si exclusive qu'ont les alpinistes des montagnes, opinion qui est toute d'occasion, à l'usage d'une classe spéciale et exigeante de gens qui vont jusqu'à montrer de l'humeur lorsque les intempéries rendent la montagne ruisselante de blancheur et de lumière !

Arrivons-en aux vrais sommets neigeux (Breithorn, Alphubel, Tremoggia, Palu, Bellavista et pizzo Bianco du Bernina). Lorsque l'hiver a été pluvieux, une couche épaisse de neige recouvre les larges sommets comme le Breithorn et il ne s'agit alors que de marches régulières en terrains diversement inclinés. C'est dans ces marches régulières 'sur champs de neige que s'exécute dans sa forme la plus classique l'usage de l'art de marcher « à la corde ». Les modifications de cet usage sont fort sensibles lorsqu'il s'agit d'ascensions difficiles, d'escalades de rochers ou de parties rocheuses des sommets.

Les voyageurs prudents sont, comme vous le savez, réunis l'un à l'autre par une mince mais solide corde de chanvre de Manille. La corde doit serrer légèrement autour du corps et s'attacher un peu au-dessous des aisselles — et non pas à la taille, comme le font souvent des guides soit par négligence, soit pour vous être agréable lorsqu'il n'y a pas de danger imminent. Il y a pour cela une raison bien simple : si, attaché à la taille, vous tombez dans une crevasse et vous ne pouvez saisir aussitôt la corde en main, vous avez toutes les chances de rester suspendu la tête en bas ou, ce qui est plus grave, de vider la corde et d'être précipité au fond de l'abîme; tandis que sous les aisselles, vous devez rester suspendu normalement.

L'usage de la corde en marche ordinaire est celui-ci : chacun des voyageurs tenant en une main la corde qui le lie à ses voisins, c'est-à-dire deux bouts pour ceux qui ne sont pas aux extrémités, avance régulièrement de façon que la corde soit toujours également et légèrement tendue, sans toucher la neige. Dans ces conditions, le moindre arrêt, la moindre secousse se traduit par une variation de tension de la corde, ce qui indique qu'un des voyageurs ralentit ou rencontre un obstacle. Il est remarquable combien instantanément toute une caravane s'arrête ou ralentit si un quelconque des voyageurs agit sur la corde avec plus ou moins d'intensité; c'est un système de signaux si précis, qu'on peut dire qu'à tout instant la caravane marche du pas de celui des voyageurs qui est le moins ingambe.

Lorsqu'il n'y a aucun danger à prévoir — glacier ou champ de névé sans crevasses — les voyageurs se rapprochent en prenant chacun en main tout un rouleau de corde, et alors individuelle-

Fig. 49. Sur le névé du monte della Disgrazia.

ment, suivant qu'ils avancent ou ralentissent, ils reprennent ou lâchent de la corde de manière à laisser à la caravane une marche régulière.

Lorsqu'il y a des crevasses, leur passage se fait par saut, par contournement, par passage de ponts de neige — plus ou moins résistants. Si les aptitudes des voyageurs au saut sont grandes, la plupart des crevasses moyennes sont passées par ce procédé Si la largeur de la crevasse est trop considérable, il faut chercher à la contourner ou rebrousser chemin.

Les crevasses dans lesquelles se produisent les accidents ne sont pas ces belles larges crevasses, comme celle
que vous voyez ici, et qui béantes sont visibles de loin ;
c'est plutôt la perfide crevasse dont toute une partie est
masquée par une croûte superficielle de neige. Son aspect
extérieur est débonnaire : une partie de neige bien plane,
spécialement unie. Cette croûte s'est formée en pont pendant les grandes neiges de l'hiver, et peu à peu par la

Fig. 5o. Une crevasse du glacier de Pers (Engadine).

fonte du névé, elle a perdu de son épaisseur, de sa
solidité.

L'habileté consiste d'abord à découvrir que la crevasse
existe, et ensuite à trouver où le pont de neige sera assez
solide pour permettre le passage de la caravane. Le guide
tâte aussi loin qu'il peut en enfonçant son piolet et lorsqu'il

sent la neige assez résistante, il se risque pendant que les suivants bien échelonnés, au maximum de distance l'un de l'autre, tiennent vigoureusement la corde — car le pont pourrait avoir un point faible. Les meilleurs ponts, les plus solides sont utilisés dans la station verticale et la

Fig. 51. Une crevasse au col Glutschaint-Monica.

marche ordinaire; de moins bons se passent rapidement et légèrement, sans cesser de faire glisser les pieds pour ne jamais appuyer de tout son poids en un point; enfin les plus mauvais, comme je l'ai dit à propos du Breithorn, en se mettant à plat ventre et ramant dans la neige pour se pousser en avant : le poids du corps se trouve ainsi reporté sur une très large surface.

Il y a au Mont Blanc, en montant de Chamounix par le glacier de Taconnaz, des crevasses spéciales que l'on passe avec échelles, échelles à demeure pendant toute la saison. Il est certain que parfois ces engins suppriment des passages longs ou même impossibles ; mais lorsque j'ai rencontré mon échelle au mont Blanc, il y avait parfaitement moyen de contourner la crevasse. De plus, l'année était sans doute très favorable pour le tracé de la route, car il n'y avait qu'une seule échelle et plus probablement dans le seul but de ne pas en perdre l'habitude..... et l'effet sur les touristes qui pullulent en ces lieux proches des Grands-Mulets.

Après les marches ordinaires, il convient de considérer les cas particuliers les plus intéressants des ascensions de cimes neigeuses. D'abord les crêtes en lame de couteau (Palu, Scerscen, Gabelhorn) qui, lorsque la neige est abondante, ne

Fig. 52. Une échelle près des Grands-Mulets.

sont que vertigineuses, mais sans danger pour les alpinistes.

Vous voyez ci-après la scène, prise le 14 août 1897, représentant M. Solvay de dos, passant à 3,912 mètres sur la crête du piz Palu qui formait en cet endroit un petit mur de neige de 0^m,40 de large sur 1^m,50 de haut. De part et d'autre il y a 900 mètres jusqu'au glacier qui a la cote 3,075. Il est regrettable que, placé de la même façon sur le même mur, il m'ait été impossible

Fig. 53. Sur la crête du piz Palu (3,912 mètres).

de prendre en même temps la vue du fond du glacier et de vous rendre ainsi la scène dans toute sa vérité ; mais vous excuserez cette imperfection lorsque vous songerez que je dois planter mon piolet dans la neige, lâcher tout soutien et regarder dans le viseur de l'appareil La vraie difficulté réside dans ce que, ayant terminé de viser, il faut réaccommoder l'œil pour les distances, les profondeurs que l'on a autour de soi. Je passe sous silence les efforts pour le maintien de l'équilibre pendant les tâtonnements que réclame la mise en page la plus favorable.

Les sommets neigeux sont quelquefois agrémentés de
corniches, de ces perfides corniches auxquelles sont dues
tant de catastrophes. Par celle du sommet du piz
Palu que je fais figurer ici, vous pouvez comprendre

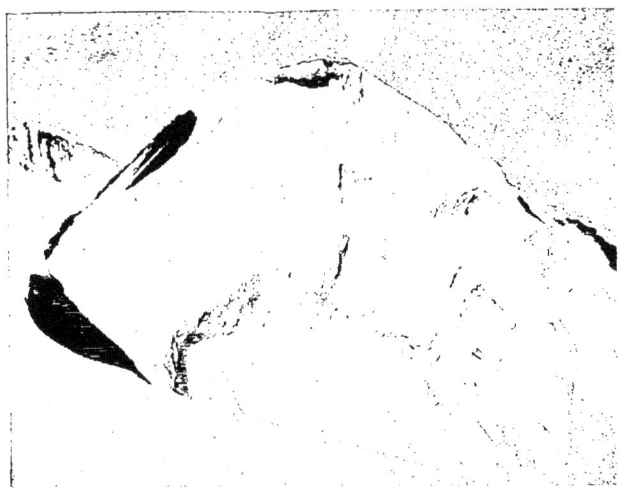

Fig. 54. La corniche du sommet du piz Palu.

comment ce phénomène se produit : le vent dominant
venant de derrière la corniche, chasse la neige qui, à l'abri
du vent retombe, adhère et s'accumule sur ce flanc-ci de
la crête. Bientôt une masse énorme, infiniment pesante,
reste suspendue en porte à faux dans le vide, ne tenant à
la crête que par une adhérence problématique.

L'autre versant ne traduit pas cette structure particulière ; bien au contraire, il présente une surface toute
lisse, en dos d'âne, et si le guide imprudent ou inexpéri-
menté se hasarde au delà de la crête, en dépassant le point

d'attache de la corniche, celle-ci s'abîmera en avalanche dans le vide avec la caravane.

Lorsque nous avons fait l'ascension de l'Ober-Gabelhorn de Zermatt, nous avons dû nous tenir à plusieurs mètres du bord de la neige surplombante et là, plantant notre piolet profondément, nous pouvions voir la base de de la montagne par le trou qu'avait laissé l'instrument.

Aloïs Supersaxo me citait à cette occasion le cas d'une marche sur la crête qui se dresse entre le Gabelhorn et la Wellenkuppe; sa caravane avait été obligée de suivre strictement l'arête du sommet en enfonçant profondément les piolets dans la neige dure. Les quatre personnes étaient à peine passées que la corniche s'abattait dans le vide, séparée exactement suivant la ligne des traces de piolets que les voyageurs avaient marquée à côté d'eux dans la neige — phénomène identique à celui que produisent les encoches du tailleur de pierre pour le débitage des blocs de granit.

Souvent, le *bergschrund* est un endroit intéressant de l'ascension. C'est, comme son nom l'indique, la brisure de la montagne; c'est comme le fossé de défense qui la garde des entreprises sans enthousiasme, c'est la crevasse dernière, la plus élevée vers le sommet. Vous voyez ici l'image de celle qui ceint la Sella (Engadine, 3,587 mètres). La neige massée sur les flancs inclinés de la montagne finit par vaincre par son poids le frottement sur le roc, descend brusquement en se séparant des neiges du sommet et laisse entre les deux parties une crevasse dont un des bords est plus élevé que l'autre. S'il ne reste pas un pont, toujours fragile, il faut chercher l'endroit le plus étroit, faire dans le névé supérieur une marche et y placer un pied en faisant un pas de géant en hauteur; si le *bergschrund* est plus large et plus élevé, planter forte-

ment la pelle du piolet dans le névé supérieur et se hisser
à la force des bras, de manière à utiliser ensuite la
marche faite préalablement. Dans le névé cette trace
est presque toujours éphémère, elle ne résiste parfois
qu'à un seul touriste, mais cela peut suffire. J'ajouterai
cependant que les autres voyageurs préfèrent généralement, plutôt que de se faire hisser, essayer une autre
place à côté. Où serait le plaisir et le mérite sinon?

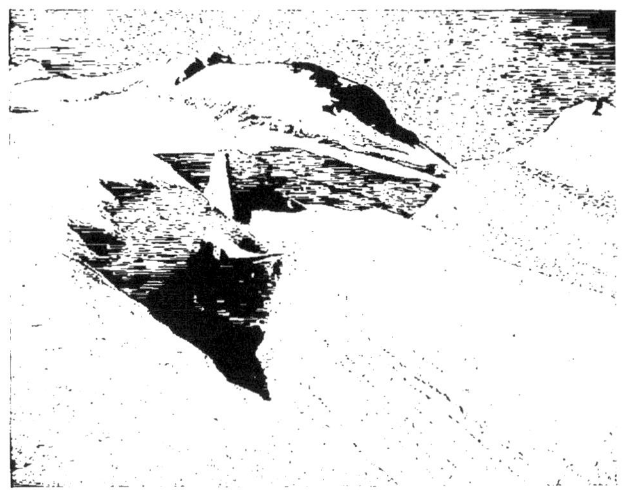

Fig. 55. Le *bergschrund* de la Sella (Engadine).

Le passage le plus intéressant que nous ayons eu
à effectuer dans la neige, fait partie de notre ascension
de la Jungfrau le 12 juillet 1898.

Nous longions, en les gravissant, les flancs du Roththalhorn pour arriver à la Roththalsattel, qui le relie
à la Jungfrau; il y avait beaucoup de neige, elle

manquait de consistance et la paroi est inclinée à
60 degrés et plus Les approches du col (Roththalsattel) surtout furent difficiles ; nous nous trouvions
dans une neige où nous enfoncions jusqu'aux genoux,
dans laquelle notre piolet entrait jusqu'au fer. Dans ces
conditions Aloïs Supersaxo, qui s'était adjoint le
guide Albrecht, de l'Eggishorn, nous fit prendre les plus
grandes précau-
tions. Chacun de
nous se tenait
debout, les pieds
dans deux des
profondes traces
successives ; le
piolet était en-
foncé jusqu'à
refus dans la
paroi, et nous
donnions deux
tours de corde
autour du piolet
pour nous assu-
rer individuelle-
ment, - car il
eût été impos-
sible de retenir
qui que ce fût
dans ces marches

Fig. 56. Sur les flancs du Roththalhorn.

que l'on sentait s'affaisser sous soi. Chacun étant dans
cette position, — se tenant au fer de son piolet, la corde
faiblement tendue, — le dernier avançait d'un pas, réen-
fonçait son piolet, réassurait sa corde ; puis c'était le
tour de l'avant-dernier et ainsi de suite pendant plus
d'une longue demi-heure. Vous voyez ici (à 3,857 mètres

d'altitude), M. Solvay et Aloïs Supersaxo dans la situation que je viens de vous décrire.

Au bout du versant se trouve la crête étroite de neige qui constitue la Roththalsattel et qui part presque à angle droit sur le flanc où nous nous trouvions; mais là il manquait toute la place d'un pas, nous dûmes atteindre la crête de neige qui domine de plus de 1,000 mètres la Roththal, en sautant prestement de notre dernière marche sur le petit plan que formait dans la crête la trace de deux pieds jointifs.

Cette deuxième gravure montre Supersaxo ayant déjà disparu vers la crête et M. Solvay se dirigeant vers les dernières marches.

Fig. 57. Près de la Roththalsattel (3,857 mètres).

Sur la Roththalsattel, mes compagnons ont pu exercer leur patience; j'ai rencontré au milieu de cette fine crête, une inclinaison de marche que la semi-ankylose de mon pied droit s'obstinait à ne pas me laisser franchir; ils ont dû m'accorder dix minutes de patience pour ce seul pas.

Lorsque l'hiver a été sec, les sommets neigeux laissent

percer leur glace; ils deviennent alors longs à gravir, parfois difficiles et même dangereux. Cette glace a été formée comme celle des glaciers : aux heures chaudes le soleil a fondu la surface de la neige et les gouttes d'eau se sont infiltrées dans la masse, la transformant superficiellement en boue. Les heures froides venues, cette masse s'est congelée en une glace grenue, opaque, caractéristique, qui est le névé; peu à peu les fontes successives ont rempli tous les interstices du névé et la glace s'est enfin trouvée formée. C'est, d'ailleurs, une partie du phénomène des glaciers.

Dès nos débuts, vous l'avez vu, nous avons rencontré la glace au pizzo Bianco du Bernina et nous avons dû y faire (fig. 17) la taille interminable des marches Lorsque la glace est franchement décelée, des marches bien taillées, bien faites, écartent tout danger. Je puis l'affirmer à un double titre, c'est que j'en ai passé des centaines sans encombre et qu'une seule, une mauvaise, m'a valu la journée la plus mouvementée de ma vie : celle de l'accident que je dois toujours vous raconter et dont je vous parle pour la deuxième fois sans arriver au moment opportun pour en faire le récit.

Mais parfois la couche de neige est faible, et après le passage d'un ou de deux voyageurs, la trace qui cède découvre la glace, le pied glisse et il faut prestement passer à la marche suivante ou tomber.

En bon alpinisme, cette découverte inopinée de la glace sous le pied ne peut être que très accidentelle; car même si les traces de passage se font simplement par la pesée du pied dans la neige, ou par la taille à la pelle, il faut toujours sonder préalablement avec la pointe de la canne du piolet (Jungfrau, Königsspitze, aiguille de la Za, monte di Scerscen).

Si vous considérez que tant de circonstances accidentelles, climatériques et autres modifient totalement les conditions de la marche dans la montagne, vous comprendrez pourquoi je ne veux pas essayer de classer par ordre de difficultés les montagnes que nous avons gravies. Un même sommet peut présenter les aspects les plus opposés : le piz Roseg, lorsqu'il est couvert de neige, n'est évidemment pas pour les novices, mais il ne présente aucune difficulté sérieuse ; tandis que dénué de ses neiges comme nous l'avons vu et expérimenté, c'était une ascension difficile et dangereuse.

L'ascension de la Jungfrau présente parfois des difficultés énormes, et lorsque nous l'avons faite elle ne présentait, sur le sommet proprement dit, rien de bien extraordinaire.

Rappelez-vous aussi notre passage au pizzo Bianco (p. 32), pour faire la Brèche du Bernina dans notre année de début ; quand nous l'avons refaite le 14 août 1899 en même temps que le monte di Scerscen, nous avons trouvé le pizzo Bianco notablement plus facile, — nous n'avons pas dû y tailler une seule marche.

Ainsi donc, lorsque vous voulez savoir si des alpinistes ont eu quelques difficultés, s'ils ont quelque mérite d'avoir fait une ascension, informez-vous près d'eux de l'état de la neige, du *bergschrund*, des intempéries et ne vous en laissez pas imposer par la renommée qui s'attache au sommet.

Ce qui n'est pas constitutif de la montagne, comme le névé et les crevasses, c'est l'avalanche. Elle se produit à la fin du printemps à l'état, je dirai endémique, sur les sommets de toutes espèces présentant de longs couloirs longitudinaux descendant vers la vallée. Au Grosze Windgälle de la vallée de Maderan en 1898, nous avons lunché entre deux couloirs d'avalanches, où toutes les cinq minutes se précipitaient des masses plus ou moins considérables de neige, que nous regardions de travers lorsqu'elles sortaient de leurs canaux pour nous menacer. Les longs couloirs verticaux du Cervin ont bien vite fait de le débarrasser des neiges de l'hiver; plus tard ce sont les pierres laissées dans des positions instables par ces mouvements de la neige, qui rendront

Fig. 58. Le Kœnigsspitz (3,857 mètres', vu de l'Ortler (3,902 mètres).

dangereux les couloirs tragiquement légendaires du Matterhorn.

Ces couloirs de neige, lorsqu'ils sont nombreux, donnent aux sommets (fig. 58) des aspects de draperie d'une beauté incomparable (Königsspitze, Glütschaint, Monte della Disgrazia).

Sous la forme cataclysmique, l'avalanche se produit dans les hauts sommets, lorsque le névé qui descend doucement à la manière d'un glacier se trouve en masses colossalement élevées, dont la base en contact avec le rocher glisse plus doucement que le sommet, et qui finissent par s'effondrer dans un mouvement de bascule ; — ou encore lorsque le névé arrive à un surplomb (Corridor du mont Blanc). Ce sont les trop fréquentes avalanches du Corridor qui ont achevé de décider les alpinistes à utiliser le chemin des Bosses pour arriver au sommet du mont Blanc. Lorsque nous sommes arrivés en face du Corridor, nous avons eu le spectacle d'une grandiose avalanche qui nous a convaincus, comme nos prédécesseurs, de l'utilité d'abandonner cette ancienne et dangereuse route. Mais pourtant il y a des têtus ; une échelle était dressée contre le chemin du Corridor lorsque nous y sommes passés. Des guides m'ont soutenu que l'ancienne route était utilisée par les porteurs à destination de l'observatoire coûteux et inutile du sommet du mont Blanc, parce que ces porteurs n'étaient pas autorisés à passer par les Bosses (fig. 28) où travaillent et se dévouent les premiers et vaillants observateurs du mont Blanc. Le fait me parut si mesquin et si imprudent que je leur laissai cette explication pour compte, bien qu'elle me fût confirmée à Chamounix.

Je dois mentionner aussi comme phénomène particulier analogue les chutes de séracs.

Qu'est-ce que les *séracs?* Ce sont les parties tourmentées du glacier, ce sont comme les vagues furieuses du fleuve de glace lorsque la pente l'a rendu torrentueux et qu'un rocher de fond s'oppose à son libre passage. Les masses de glace, pour franchir l'obstacle, se dressent verticalement en se crevassant, se divisant, prenant mille formes tourmentées, chaotiques, instables.

Les plus architecturales séries de séracs que nous ayons vues sont celles du glacier des Bossons (fig. 34). Je les ai livrées à votre admiration, et j'y ajoute que le ciel indigo foncé, la glace éclatante avec ses anfractuosités teintées de bleu, en faisaient un tableau d'une beauté incomparable.

Le glacier de Fiesch près l'Eggishorn, que nous avons parcouru le 25 juillet 1898, n'est formé sur la

Fig. 59. Le glacier de Fiesch, près l'Eggishorn.

majeure partie de son étendue que d'une suite de séracs très difficiles et très longs à passer. C'est un vrai et long problème pour alpiniste; vous pouvez en juger par l'image de ce détail du glacier.

Le Labyrinthe, dont je vous ai déjà parlé (p. 35) lors de notre première ascension au Bernina, est de façon caractéristique une véritable cascade de glace où se produisent continuellement des chutes d'énormes séracs. Il n'est que peu de jours de l'année pendant lesquels le passage puisse en être tenté; il faut que le temps soit beau et particulièrement froid, pour que la consistance de la glace soit à son maximum et que l'adhérence de ces pylônes de glace au sol soit assurée.

Les séracs finissent dans le mouvement général, continu du glacier, par dépasser leur base de sustentation, se précipitent inopinément en avant avec un bruit de tonnerre, et par leur propre chute se broient en une poussière de neige, grenue et caractéristique. Tout ceci fait partie du phénomène du glacier qui est lui-même

Fig. 60. L'aspect du glacier de Fiesch.

des plus intéressants à étudier : sa formation et sa fonte, les moraines, le gonflement, le recul et l'avancement, les tables et les moulins, tout est des plus instructifs, des plus curieux et a été décrit d'ailleurs de main de maître par l'illustre Tyndall et par la plupart des géologues.

N'allez pas croire, à cette description générale des sommets neigeux, que là se limitent les dangers et les

difficultés; craignez toujours l'arrivée du mauvais temps !
Le mont Blanc, aux pentes anodines et régulières, mais
grandioses de forme et de dimensions, a fait le plus de victimes en raison même de la largeur et de la faible inclinaison des pentes que l'on y foule : lorsque les nuées,
la neige, la bourrasque seront là, plus rien de caractéristique comme pente, comme roches, comme séracs ne
se présentera à vos yeux pour vous rappeler la direction
générale de la route, rien que de larges espaces, désertiques, où vous vous égarerez cerné bientôt par les crevasses. Et par dessus tout le froid qui sévit en raison de l'altitude et qui devient intense aussitôt que le vent s'élève. Lors de notre ascension au mont Blanc, à 7 heures et demie du matin, par la plus belle journée qui

Fig. 61. La *Jonction* des glaciers au mont Blanc.

soit, nous avons constaté 14 degrés sous zéro à l'Observatoire du sommet. L'histoire des ascensions du mont
Blanc pour ces raisons, est la plus tragique, la plus san-
glante de toutes les Alpes — et pourtant cette cime ne présente en temps calme aucune difficulté caractéristique.

IL me reste encore, puisque j'ai fait un semblant de classification générale, à vous décrire l'intérêt qui s'attache aux montagnes de rochers.

Bien que je m'efforce d'être éclectique, et que je vous aie prêché déjà dans ce sens, il me reste une sympathie incontestable pour les escalades de rochers ; j'ajouterai que M. Solvay les affectionne encore plus que moi. Vous en seriez bientôt convaincus si, par un don d'ubiquité, vous pouviez nous voir sur quelque sommet, escaladant parois et crêtes avec notre entrain coutumier.

Si je scrute les raisons de cette sympathie, je crois que c'est l'exercice gymnastique poussé à son maximum

Fig. 62. Ainsi chacun a son tour.

qui en est la dominante ; mais je crois aussi que la sensation de plus grande franchise de la matière-roche, comparée à la neige, s'ajoute à la première raison. Je m'explique. Si votre éducation alpiniste est tant soit peu faite, vous sentez sur le rocher votre pied bien assuré, aussi peu qu'il soit accroché par quelques clous de vos souliers ; la main, toujours prête à saisir quelque aspérité, quelque fissure, vous donnera aisément un point d'appui franc, une aide pour l'équilibre. Tandis que dans les neiges, la station verticale obligée sur une matière sans consistance, et l'équilibre obtenu par l'intermédiaire du piolet, laissent toujours une certaine impression d'insécurité — pour ne pas dire la certitude qu'en cas du plus faible glissement, la caravane peut être précipitée dans l'abîme sans espoir de s'accrocher à quelque point résistant.

Dans les rochers au contraire, tout est solide, — j'en excepte quelques sommets dont les éléments se délitent comme à la Crast'aguzza et au Grosse Wannehorn, — et quelle joie dans les couloirs, les cheminées étroites, les fentes de rochers où le corps ne peut passer qu'en zigzaguant, où l'on met toute son habileté à utiliser les moindres aspérités, où l'on se hisse autant par les mains et les pieds qu'en se tenant des coudes, des épaules et des reins pour monter à la façon des reptiles... ou des singes !

L'esthétique des attitudes (fig. 62) reçoit, c'est entendu, les accrocs les plus graves et les plus drolatiques ; et si les situations n'étaient précisément en ces points plutôt — critiques, — il y aurait matière aux plus homériques éclats de rire.

Je regrette de devoir ajouter qu'en ces poinats ussi la photographie est presque impossible ; mais, par l'image ci-avant prise sur le Monte Cristallo, vous pouvez vous faire une pâle idée de ces attitudes que les voyageurs prennent chacun à leur tour.

Tout ceci revient à vous dire que, dans la marche en escalade de rochers, il y a peu ou point de règles générales ; chaque pas est une fantaisie que chacun imagine pour se tirer de la difficulté. Cela surtout constitue un des attraits des sommités rocheuses proprement dites.

Leur description se limiterait à quelques cas particuliers et curieux d'escalade, s'il n'y avait toute la série des montagnes présentant à la fois les caractères des deux types généraux de sommets. Cette catégorie est de beaucoup la plus nombreuse, au point que j'aurais presque envie de reprendre ma classification à rebours et de dire : Dans les Alpes, toutes les montagnes sont à la fois neigeuses et rocheuses, mais par exception, il en est qui présentent l'un de ces états seulement.

Pour arriver à la base même de montagnes du type rocheux le plus caractéristique, on passe presque toujours par une région où règne le glacier et le névé. Rappelez-vous la Crast'aguzza, crête aiguë remarquable de rochers ; son ascension dure quatorze heures,

Fig. 63. Un aspect du monte Cristallo..

dont deux seulement se passent à l'escalade du sommet proprement dit. Il faut au préalable passer par les névés les plus typiques, — ceux de Bellavista, — et parcourir dans toute leur longueur les glaciers de Pers et de Morteratch. La figure 19 vous montrait bien le tout petit dos de rocher qu'est la Crast'aguzza au-dessus de toute la masse formidable des glaces et des neiges du Labyrinthe. Cette diversité même des sites par lesquels on passe est encore un élément de satisfaction pour l'alpiniste amateur de rochers.

Les parties rocheuses que l'on gravit peuvent se présenter comme de simples côtes faiblement inclinées ou comme de véritables murailles, souvent aussi sous forme de crêtes plus ou moins solides ou déchiquetées.

Si les parois ne sont que peu inclinées (fig. 63) et que la roche est solide, la marche des alpinistes se fait à volonté, chacun avançant à sa guise, tout au plaisir de l'exercice, sans se soucier des distances entre les voyageurs, mais avec le seul souci de veiller à ce que la corde ne s'accroche autour de quelque aspérité.

Dans ces conditions qui sont les plus ordinaires, il existe pourtant une petite difficulté d'ordre tout spécial : « les pierres ». Les rochers sont généralement parsemés de petites pierrailles qu'il s'agit de ne pas mettre en mouvement, car elles pourraient, poursuivant leur chute — et suivant leur grosseur — atteindre quelque voyageur ou quelque villageois dans les alpages et le blesser grièvement. Il devient donc nécessaire pour les compagnons de corde de se rapprocher l'un de l'autre, de façon à ce que déjà les projectiles n'arrivent pas de trop haut lorsqu'ils vous atteignent.

La façon de marcher sur les pierrailles est tout un art ; il faut l'apprendre dès les premières ascensions et même dans les alpages, où les sentiers en zigzag accentuent le danger L'alpiniste expérimenté arrive à marcher sur des tas de menues pierrailles de telle façon que pas une seule ne soit mise en mouvement quelle que soit la pente du terrain ; je dirai même que son pied quitte le sol, après avoir rangé le petit amas dans un nouvel état de stabilité plus grand qu'auparavant.

Cet art s'apprend bien vite par l'exercice, par l'expérience et je suis persuadé que chacun l'a acquis de la même façon. Vous vous trouvez sur une côte escarpée parmi des pierrailles, vous êtes novice, et bientôt une pierre part sous vos pieds. Vous la voyez rouler, bondir, bondir et rebondir… jusqu'à perte de vue dans la vallée. Le guide vous explique qu'il peut y avoir quelque être humain visible ou prêt à surgir, auquel vous pourriez causer un grave accident.

Fig. 64. Entre le Monte Cristallo et le Poppena.

Quelques pas plus loin, une autre pierre suit le même chemin ; le guide vous demande en riant si vous voulez tuer quelqu'un. Nouvelle pierre ! On vous adresse un « hé là ! » bien senti auquel vous croyez devoir répondre que « vous l'aviez à peine touchée ou qu'il n'y avait pas moyen autrement, ou même qu'elle est partie toute seule, etc., etc. » A la pierre suivante, plus personne ne

6

dit mot, ce qui est pis. Alors votre éducation commence et s'achève bien vite devant la nécessité. Enfin, l'on peut affirmer qu'en toute une journée, quelles que soient les circonstances, jamais un alpiniste attentif et consciencieux ne fait rouler une pierre.

Pour se faire une idée de l'obligation de surveiller les « pierres », il suffit de jeter un coup d'œil sur les traces qu'elles laissent aux endroits qui y sont sujets : vous voyez ici (fig. 64) la pente que l'on traverse entre le Cristallo et le Poppena en partant de Tre Croci (Tyrol); l'aspect en est caractéristique et peu rassurant. Comme dans tous les cas de l'espèce, on passe — vite.

Mais cela n'est pas toujours possible. Les pierres des longs couloirs du Cervin sont tristement célèbres, car pareilles à des projectiles, elles arrivent des hauteurs de la montagne, et ce sont ces couloirs mêmes qui constituent la route. La situation s'aggrave encore de ce qu'on passe pendant la nuit dans ces couloirs. On entend quelques coups secs qui, en se rapprochant vous indiquent les bonds d'une pierre, puis un sifflement et c'est tout. Plongé dans l'obscurité, vous vous dites philosophiquement : « Passée ! Ce n'était pas pour nous. »

Ces chutes de pierres d'origine fortuite constituent bien le danger tel qu'il se définit ; mais lorsque leur origine est due au passage de caravanes, il y a certaines pratiques usuelles qui en diminuent la fréquence et les suites.

A cet effet, non seulement les membres d'une même caravane se rapprochent, mais les diverses caravanes faisant l'ascension d'un même sommet se concertent pour partir à la même heure et se serrer de près. Dans les couloirs comme ceux du Cervin où la verticalité est fort grande, l'on préfère agir avec des précautions encore plus grandes ; chaque caravane avance à son tour pendant que les suivantes attendent à l'abri derrière quelque rocher ; puis les premiers s'arrêtent et à leur appel les suivants les rejoignent et ainsi de suite.

Voilà pour les dangers des montagnes de rochers. Quant aux difficultés, c'est à elles comme toujours que sont dues les satisfactions spéciales à l'escalade.

Lorsque les parois sont bien raides, qu'il faut de toute nécessité grimper des pieds et des mains, le plaisir est à

Fig. 65. Le sommet de la troisième *Rose* (Engadine, 3,200 mètres).

son maximum. C'est alors que l'on abandonne le plus souvent son piolet à la base de la montagne ; car le précieux instrument est devenu encombrant, sans cesse il faut le changer de main, le prendre entre les dents, ou sinon le pendre à son poignet par un bout de corde.

Si les rochers sont solides et fort verticaux, comme

au Monte Sissone (Maloja), à l'Obergabelhorn (Zermatt), aux Roses du Val Valetta (Celerina), à l'Egginerhorn (Saas-Fee), au Cristallo (Tyrol), aux Aiguilles Rouges d'Arolla, c'est de l'acrobatie pure et simple, mais faite à coup sûr. Il faut suivre encore la règle du plus grand rapprochement possible des voyageurs entre eux, mais avec un souci supplémentaire, celui de se garer pour ne pas recevoir dans la figure le talon de son prédécesseur. Je dois avouer que distrait par mes recherches de vues photographiques, ce petit mécompte m'est arrivé maintes fois.

J'ai dit que cette acrobatie se faisait à coup sûr, mais bien entendu pour ceux qui ont acquis une accoutumance suffisante pour ne pas s'inquiéter du vide qui règne sous ces parois presque à pic (fig. 65). Cette photographie prise sur les Roses du Val Valetta, ainsi que celle du titre montrent encore imparfaitement la situation, puisque toute la hauteur de la montagne n'est pas visible. C'est aussi l'occasion de vous dire que les guides semblent toujours tirer à la corde; mais en réalité ils la

Fig. 66. Descente vers le Val Valetta (3,200 mètres)..

tiennent simplement tendue, prêts à vous retenir sans presque de secousse si vous veniez à manquer le pied.

Les guides, de plus, n'acceptent les voyageurs dans ces courses difficiles que sur preuves de capacités, car leur aide ne doit être que très exceptionnelle. Il faut surtout que chacun compte sur soi, car que voudriez-vous que les guides fissent pour le voyageur de la figure 67? Même retenu par la corde, s'il venait à faire un faux pas, les quelques mètres de chute qu'il ferait peuvent suffire à le blesser mortellement. Cette vue représente un point de la crête des Sruors à Pontresina (2,982 mèt. d'altitude).

Je vous ai démontré, au sujet des cimes neigeuses, l'impossibilité d'éviter un accident si l'on venait à glisser sur une pente de neige lorsque l'on y marche

Fig. 67. Le sommet des Sruors (2,982 mètres).

suivant une direction horizontale; dans les montagnes de rochers où parfois les champs de neige sont peu épais et instables, la même difficulté se présente, mais pour la marche verticale; elle se transforme alors en réel danger, surtout si vous êtes novice ou manifestement malhabile.

Le type de cet ordre de difficulté est l'Épaule du Cervin sur laquelle nous sommes passés dans des conditions particulièrement difficiles par l'excès de neige fraîche.

Comme notre poids surchargeait la neige prête à glisser sur la glace ou sur la paroi de granit du versant,

Fig. 68. Ascension du Monte di Scerscen.

nous enfoncions violemment notre piolet pour fixer par un point toute la masse de neige environnante.

Le même aspect, comme le montre la figure 68, s'est présenté dans l'Engadine au Monte di Scerscen (3,967 m.).

Cette ascension — fort intéressante — m'amène à considérer les crêtes de rochers, qui sont toujours vertigineuses cela s'entend, et qui se présentent comme une succession de masses de rochers, de pylônes, de pointes de hauteurs diverses variant entre quelques mètres et la hauteur de maisons à deux, trois, quatre étages, comme sur l'Albris et le Munt Arlas à Pontresina, sur l'Egginer de Saas et les Aiguilles Rouges d'Arolla.

L'ascension du Scerscen, plus importante que celles-ci, comportait la veille déjà l'arrivée à la cabane Marinelli, par le col de la Sella en passant derrière la Crast'aguzza et devant le pied du Scerscen.

Fig. 69. Sept heures de crêtes à 4.000 mètres.

La nuit, départ de la cabane à 2 heures pour arriver à la crête dès 8 heures. A partir de ce moment jusqu'à 3 heures de l'après-midi, — soit pendant sept heures, — nous sommes restés sans interruption sur cette crête, celle du Bernina, puis celle du pizzo Bianco, — ayant continuellement de part et d'autre plusieurs centaines

de mètres de vide. Cette crête a présenté tous les
aspects imaginables et je regrette que le mauvais temps
ou parfois de simples buées aient mis mon appareil
photographique dans l'impossibilité de prendre des
images. La figure 70 vous montre les symptômes pré-

Fig. 70. Arrivée des buées sur le Monte di Scerscen.

curseurs de ces buées — si malencontreuses pour la
photographie, — mais qui nous dédommagèrent en pro-
duisant dans l'après-midi un phénomène d'électricité
atmosphérique des plus intéressant.

Nous avions achevé la Bernina Scharte, lorsqu'une
fine neige se mit à tomber tout doucement; les fers de
nos piolets un peu plus tard commencèrent à vibrer, à
chanter curieusement à chaque fois que nous les enfoncions dans la neige fraîche, qui couvrait le sol du pizzo

Bianco sur lequel nous nous trouvions. Ce son vibrant, fusant, pouvait se percevoir à dix mètres environ.

Une explication du phénomène a été donnée par M. Solvay dans la revue *Ciel et Terre* (1er septembre 1899); elle se résume en ceci : La neige nouvelle, par sa formation même, est chargée d'électricité positive sur chacun de ses flocons, tandis que l'électricité négative se porte sur l'air ambiant. Le piolet, en s'enfonçant dans la couche de neige, rassemblait, accumulait cette électricité

Fig. 71. La mince arête de neige qui mène à la Gabel (4,073 mètres).

positive, la portait à un potentiel tel qu'elle s'échappait en aigrettes d'étincelles par les pointes métalliques des instruments, dans l'air négatif. C'est ce qui faisait bruire nos piolets.

Il y avait sur le Monte di Scerscen des arêtes de neige

analogues à celles du Palu ; la trace des pas leur communiquait une largeur artificielle. Ces arêtes n'atteignaient pourtant pas l'intérêt, la maestria de la crête de neige qui mène à la Gabel de l'Obergabelhorn de Zermatt. La vertiginosité de celle-ci et l'état dans lequel nous l'avons trouvée en font d'ailleurs le passage le plus difficile que nous ayons franchi dans nos années d'alpinisme. Vous voyez (fig. 71) la trace de nos pas sur cette mince crête et en même temps la hauteur d'environ 800 mètres qui nous sépare du glacier de l'Obergabelhorn. Dans le lointain, au fond, se voit le prestigieux décor de tout le massif du mont Rose.

Fig. 72. Sur l'Egginerhorn de Saas (3,377 mètres).

Les arêtes rocheuses bien nettes et sensiblement horizontales, comme celle de l'Egginerhorn (3,377 m.) à Saas-Fee, doivent pour bien faire être franchies en se tenant verticalement (fig. 72), sans hésitation dans le pas, ni dans la volonté, — comme à la promenade. Si vous mettez la main au rocher, vous risquez de devoir continuer à quatre pattes ou à cheval, ce qui est permis, mais mal considéré en alpinisme.

Parfois les difficultés sont telles à la descente, en raison du poli de la roche, que l'on perdrait un temps précieux à n'employer que le secours des pieds et des mains ; on fait alors usage de la corde. Celle-ci est placée autour d'un solide bout de roche, chacun descend le long des deux brins, puis le dernier agite la corde violemment pour la faire repasser par-dessus son appui. L'enlever par simple traction est généralement impossible, car elle se cale dans les interstices de la pierre.

Fig. 73. Le sommet de la cinquième *Rose* du Val Valetta.

Il reste encore à mentionner les crêtes qui se déchiquètent, dont les éléments sont instables ; c'est alors presque un danger et j'ai cité dans cet ordre d'idées (p. 42) la très remarquable Crast'aguzza de notre première année d'alpinisme.

Hans Grass, ancien guide, l'hôte si cordial de la cabane de la Diavolezza, eut une pittoresque façon de décrire l'état de la Crast'aguzza le jour où nous y allâmes. « La Crast'aguzza! vous allez à la Crast'-aguzza! Mais elle n'existe plus, elle est pourrie, effondrée, finie! »

Un autre sommet, beaucoup moins connu, le Wannehorn, du massif des Fiescher Hörner (glacier d'Aletsch) est également caractéristique.

Les rochers sont de schiste cristallin sonore et se présentert comme des successions de pointes, d'échardes, d'éclats ligniformes superposés sans ordre, tout au sommet d'une haute tranchée neigeuse. Cette crête est un véritable fouillis sur lequel vous ne pouvez vous appuyer qu'avec la plus grande circonspection, et ce n'est pas sans avoir opéré des tractions en tous sens que l'on s'aventure sur les pointes en surplomb comme celle que vous représente la figure 74.

Fig. 74. Sur le Grosze Wannehorn (3,905 mètres).

Toutes ces descriptions relatives aux escalades de

rochers vous confirment par leur variété ce que je vous en disais; ce n'est qu'une suite ininterrompue de situations particulières dans lesquelles chacun avance à sa guise sans se soucier d'aucuns des principes généraux de marche en montagne.

Il faut maintenant que je vous fasse le récit de cet accident dont j'ai été victime en 1895 au piz Roseg (3,943 m.), sans trop graves suites heureusement et pour le récit duquel j'ai paru vouloir vous faire languir. Bien au contraire, j'ai d'abord hésité à vous le raconter, car semblable chose n'est intéressante que lorsque la victime a passé par des déboires et des malheurs particulièrement intenses; tandis que je dois à la vérité féliciter le bon sort qui m'a valu aussi peu de gravité dans les suites de l'accident. Je dois même dire que, s'il ne me restait la raideur du pied droit dont j'ai dû vous parler incidemment, je me féliciterais d'avoir eu cet accident, d'être passé par les péripéties du sauvetage; — c'est d'abord un enseignement et ensuite j'ai eu la joie de constater tout le dévouement qu'ont montré mes compagnons d'ascension.

En fait, dans tout accident de montagne il n'y a

qu'une très minime part d'imprévu, car lorsque l'ana-
lyse des événements se fait par la suite, on s'aperçoit
que l'on a accumulé un certain nombre de négligences,
de témérités qui, si elles n'avaient été commises, auraient,
si pas empêché l'accident, tout au moins réduit sa gravité et ses suites.

Fig. 75. Le piz Roseg (3,943 mètres) vu du piz Morteratch.

La cause immédiate, instantanée d'un accident est peu
de chose : un pied posé imprudemment sur du verglas,
sur de la glace ou quelque pierraille libre—prise pour une
aspérité de roche—et le touriste est précipité de l'endroit
le plus banal, avec ou sans ses compagnons de corde
dans le vide qui va rendre sa chute plus grave. Le plus
grand nombre des accidents de Suisse ne se rapporte-t-il
pas aux cueilleurs d'*edelweiss* qui s'aventurent sur de

menues pentes et rochers à la recherche de leur fleur favorite !

Tout ce qui constitue l'accident de montagne en lui-même est un fait rapide, inattendu ; mais il est suivi des péripéties du sauvetage et du retour qui souvent montrent et endurance et ingéniosité de la part des intéressés. Car songez que sur presque tous les sommets l'on est éloigné des postes de secours à une demi-journée de marche d'homme valide.

Nous étions donc partis à minuit de Pontresina le 17 août 1895, après avoir pris deux heures de repos.

Cette année, mais bien avant dans la saison, le piz Roseg avait été gravi une première fois ; les voyageurs y avaient constaté une grande pénurie de neige et à maints endroits

Fig. 76. La face d'accès du piz Roseg.

l'apparition de la glace sous-jacente. Après les journées chaudes qui suivirent, la neige devait avoir disparu plus encore, rendant presque inaccessibles les pentes habituellement neigeuses de la montagne.

L'ascension se fait en passant par la Mortelhütte,

traversant le glacier du Roseg à droite des Aguaghiouls et
montant le glacier de la Sella jusqu'à mi-chemin du col
de la Sella. Puis l'on attaque les trois pentes de neige du
versant sud (fig. 76) du piz Roseg, pour arriver alors au
pied de la première pointe neigeuse qui commence la crête
proprement dite du Roseg. A partir de ce moment l'on

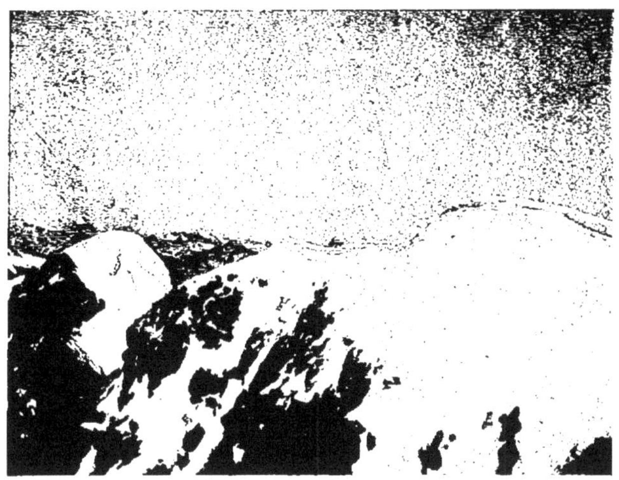

Fig. 77. La corniche de l'arête terminale.

passe successivement sur le tranchant des crêtes que vous
voyez à la figure 75; l'on monte, puis redescend les pics
glacés pour arriver à la crête finale de neige, horizontale celle-là, étroite, glacée, perfide par la minuscule
corniche (fig. 77 qui fait croire qu'il y a place pour la
largeur du pied. Nous sommes à 3,943 mètres d'altitude.
Le piolet se plante malaisément pour se soutenir dans
l'un ou l'autre versant. Arrivé à l'extrême bout (fig. 78),

6.

l'on pirouette sur soi-même en faisant volte-face. Lorsque le premier d'entre nous deux eut fait son virage et que nous nous trouvâmes, je dirai, nez à nez, il nous passa par l'esprit en un instant, tout le tableau des invraisemblables parois et crêtes de glace que nous avions suivies en côtoyant les vides et que nous devions redescendre face à l'espace dans les marches luisantes et irrégulières. Nous eûmes ensemble la conscience de cette situation

Fig. 78. Sur le sommet du piz Roseg (3,943 mètres).

et nous dîmes à l'unisson, en des termes expressifs, ce qui équivaut à : « Il faut être insensé pour être ici ! » C'était une opinion bien sentie ; mais cela ne pouvait effleurer en rien la sereine confiance que tout alpiniste doit conserver à tout instant devant ce qui n'est pas l'impossible.

Il y a là trois pics successifs que vous pouvez voir par-
tiellement à la figure 79 ; il fallait les repasser. Les marches, faites à la montée, n'étaient plus suffisantes que pour
y loger un peu plus que le talon et, à chaque pente bien
accusée, l'équilibre s'obtenait en tenant le piolet à bras
raidi, et appuyant la pointe de l'instrument avec une cer-

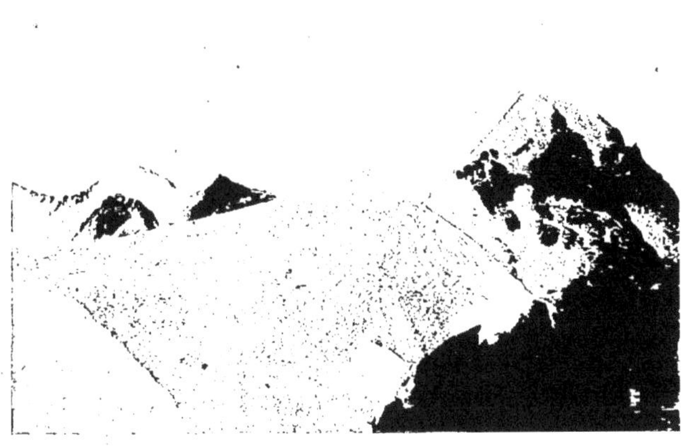

Fig. 79. Les trois pics du Roseg.

taine énergie *contre* la paroi glacée descendante de droite
ou de gauche. Planter son piolet devant soi n'était plus
possible dans un cas semblable; il eût fallu incliner le
corps imprudemment en avant pour atteindre la marche
suivante.

Nous étions depuis le matin dans l'ordre suivant :
M. Solvay avec Martin Schocher à une corde; moi-même
entre Christian Zippert et Christian Barandun à une

autre. A la descente nous prîmes la tête, Zippert premier guide, puis moi et enfin Barandun. En descendant le troisième pic de crête, j'eus la conscience à un moment donné de mettre le pied sur une marche de glace par trop rudimentaire; je tombai à la renverse, le dos sur l'arête; mon bras chercha instinctivement à planter le piolet sur le versant droit, mais la pointe glissa sur la glace et je précipitai ma chute vers le versant gauche en poussant une exclamation. Barandun qui me suivait reçut le choc de la corde et fut précipité violemment à ma suite. Zippert en un éclair plante désespérément son piolet près de lui dans la croûte superficielle de l'arête; mais inutilement! il est arraché violemment de l'arête avec tout le pan de glace que son effort désespéré avait entamé.

La chute se précipita vivement, les corps passant l'un par-dessus l'autre sous les impulsions réciproques. Nos compagnons nous perdirent aussitôt de vue derrière la paroi qui domine le glacier de la Sella. Nous fîmes ainsi plus de 40 mètres, roulant, pirouettant, lorsque tout à coup je me sentis arrêter par une violente secousse. Instantanément, automatiquement dirai-je, je pensai à la situation terrible de M. Solvay qui nous avait vus disparaître vers le vide de plus de 1,000 mètres qui nous sépare du glacier de la Sella — et je poussai sur le ton le plus triomphant mon cri des Alpes

Ce fut, à ce que me raconta M. Solvay, sa plus violente émotion. Déjà notre disparition subite l'avait terrifié et il avait, s'accrochant au vêtement de Schocher, dit interrogativement et désespérément : « Perdus! » Schocher hocha tristement la tête et dit : « Ja, ja! » Au même instant mon appel traversa l'air causant une terrible commotion aux deux compagnons, car ils ne pouvaient croire qu'à notre mort inévitable.

Dans le tableau matériel de cette chute j'ai réuni évi demment mes propres sensations et les renseignements que me donna plus tard M. Solvay. Mais au point de vue psychique et physiologique, il y a pour ce qui me concerne, quelques sensations que je veux vous décrire et que j'aurais certainement négligé de mentionner, s'il ne m'avait été dit qu'en Allemagne l'on fit, il y a quelques années, un referendum tendant à rechercher la nature des sensations ressenties pendant les chutes en ascensions de montagnes. Je lirai avec plaisir ce referendum lorsqu'il paraîtra dans nos recueils spéciaux.

Quant à moi, au moment où je glissai, mon mouvement de sauvegarde avec mon piolet fut instinctif; mon exclamation, je la poussai expressément dans l'intention d'attirer l'attention de mes guides sur ma chute. Me sentant me précipiter vers le vide, je me dis tout simplement : Barandun derrière moi va me retenir! Un choc violent survient ; j'ai la conscience que c'est Barandun arraché de sa place et je me dis tout aussi simplement, bien que ce fût assez illogique à cause de la position de Zippert dans la descente : « Zippert va me retenir! » Une nouvelle secousse ôte mes illusions, sans faire pénétrer aucune désespérance en moi. A partir de ce moment, roulant pêle-mêle avec mes compagnons, *j'entendais* que je me cognais violemment à la figure, derrière la tête, aux hanches et je me disais toujours aussi tranquillement cette pensée-ci exactement : « Je ne suis pas dans le vide puisque je me cogne! » Pendant ce temps j'avais dans la tête un brouhaha continu dû aux pirouettes que j'exécutais dans l'espace.

Le sens de la vue était inexistant; la sensation de blessure, de contusions était absente comme je vous l'ai dit et remplacée par l'*audition* des chocs.

Au moment de l'arrêt, pas un atome d'émotion, je

poussai mon cri des Alpes, puis je regardai les deux guides qui ne remuèrent qu'un instant après. Nous nous trouvions sur un petit emplacement rocheux qui domine le long couloir (fig. 80) qui mène au glacier de la Sella et je vis que nous étions arrêtés par un *petit* bout de roche qui avait pris la corde emmêlée et nous avait fixés sur le sol à quelques pas l'un de l'autre. Par une volonté inconsciente, qui doit être un résultat réflexe de notre éducation alpiniste, aucun de nous, pendant cette chute, n'avait perdu son piolet! Zippert et moi l'avions encore en main, Barandun, sous le dernier choc, l'avait lâché; il gisait à côté de lui.

Plus vite que tout ceci ne se raconte, les guides se lèvent, disent qu'ils n'ont rien, — ce qui n'était pas tout à fait exact. Je veux en faire autant, mais le pied droit me refusait tout service, je retombe assis à ma place. En ce moment je vois que je m'étais arrêté à quelques centimètres du bord extrême du versant et, sans me pencher presque, je vis sous moi à 1,000 mètres les séracs du glacier de la Sella. Là, je l'avoue, je

Fig. 80. Le couloir du piz Roseg.

fus ému; mon sang ne fit qu'un tour, je sentis ce vide
du crâne qui doit précéder la défaillance et je dis à Zippert: « Donnez-moi l'alcool de menthe! » A peine pronon-
cés, ces mots me parurent si puérils, si inutiles, la pensée de la descente se montra si nette à mon esprit qu'il me
sembla que le temps était trop précieux pour le dépenser
en sensibleries; je prononçai quelques mots violents à
mon adresse et je grimpai du pied et des genoux, aidé
des deux guides, vers Schocher qui descendait dans
notre direction.

Zippert avait à la main une blessure qui donnait beaucoup de sang, de plus un genou fort endolori; Barandun
avait les deux pieds légèrement tordus. A mon passif,
j'avais une entorse des plus caractérisée, des balafres
à la figure et aux mains, une légère blessure derrière la
tête et, petits bénéfices que nous partagions à trois, de
nombreuses contusions sur tout le corps.

Aussitôt près de Schocher, j'enlevai péniblement mon
soulier ferré; il tira de ses immenses poches tout un
assortiment de rouleaux de bandes, dont je ne l'avais
jamais soupçonné porteur, il me banda le pied légèrement, puis je coupai mon bas, le remplis de neige et
l'appliquai ainsi avec quelques tours de bandes pour
glacer le pied.

Notre seul mot fut « *Vorwärts!* » En avant! car il
était midi et nous avions à descendre les trois grandes
pentes de neige glacée et de glace pour arriver à la base
du piz Roseg, sur le glacier de la Sella. Cette descente
devait être non seulement longue, mais dangereuse; car
même si les pentes avaient été couvertes de neige, nous
n'eussions pu les abréger par des glissades, car leurs
inclinaisons sont beaucoup trop fortes.

C'est dans les circonstances comme celle-ci, c'est
lorsque quelque difficulté se présente, qu'il faut recon-

naître l'habileté, le génie des guides de premier ordre. Jusqu'à ce moment Schocher n'avait prononcé que les mots strictement indispensables pour demander à chacun de nous s'il souffrait; dans son esprit le plan de descente était déjà fait et c'est pour vous l'expliquer,

Fig. 81. Tout le versant sud du piz Roseg.

plutôt que pour vous raconter ma chute, que j'écris tout ce chapitre.

Nous étions donc au bas du dernier pic, mais tout en haut du piz Roseg cependant, c'est-à-dire à 3,800 mètres d'altitude environ sur la crête, à la pointe supérieure gau·che que l'on voit (fig. 81) sur la face sud de la montagne.

Voici quelles furent les dispositions stratégiques du sauvetage. Nous avions deux cordes de 80 pieds, que nous liâmes bout à bout, soit 50 mètres de corde.

M. Solvay s'attacha à une extrémité; puis, 1^m5o plus loin, Schocher. Celui-ci taillait d'abord dans la glace deux cavités déclives énormes, l'une pour s'asseoir, l'autre pour y placer ses pieds. M. Solvay faisait de son côté et dans une importance moindre de quoi se tenir assis. Schocher tenait à la main tout un rouleau de la corde, environ 12 mètres, au bout desquels je fus attaché. Puis 1^m5o de corde et la place de Barandun, encore 1^m5o de corde et enfin à l'extrémité Zippert.

Voici la manœuvre (fig. 82) qui fut répétée pendant toute la durée de la descente : Schocher étant solidement carré dans ses cuvettes de glace, M. Solvay à côté de lui, Zippert taillait des marches, tenu par Barandun qui le suivait. La liaison entre Barandun et moi n'existait que pour le cas où les forces des guides fussent venues à les trahir; Schocher de sa poigne de fer aurait retenu toute la grappe humaine. La série des marches se faisait *à côté* de la place que j'occupais normalement sous Schocher au bout de la corde; il fallait en effet que, lors du passage éventuel de quelque trace de neige, je ne détruisisse pas celle-ci en y glissant assis. La majeure partie du temps je pus me tenir sans trop d'effort en plantant mon piolet à côté de moi et crispant mes doigts dans le sol glacé.

Ainsi, Zippert taillait ses marches, suivi de Barandun, Schocher me lâchant de la corde; cela continuait jusqu'à ce que la corde arrivât au bout des douze mètres dispo· nibles. Alors Zippert, Barandun et moi, nous nous assurions solidement à nos places pour permettre à Schocher et à M. Solvay de descendre jusqu'à la marche qui précédait celle qu'occupait Barandun. Là recommençait la taille des excavations par Schocher, puis de nouveau les marches que faisaient les guides Zippert et Barandun en se relayant parfois. Ce dernier travail fut excessivement pénible et long. Zippert de plus perdait continuellement de son sang malgré les bandages — et cela laissait tout le long de la montagne une trace d'aspect sinistre. A chaque arrêt pendant le travail de Schocher, Zippert appliquait son front dans les marches glacées pour raffermir sa belle énergie.

Toute la première pente et la deuxième se passèrent ainsi par cordées successives. Une partie de la troisième également, mais heureusement, en obliquant un peu, nous vîmes un plan de neige où faire une glissade, ce qui en quelques secondes nous gagna une heure de travail. Enfin, il est 5 heures, nous sommes au pied du piz Roseg; mais il y a encore tout le glacier de la Sella, horriblement crevassé,

Fi g. 82. La descente des pentes de glace (croquis).

qu'il faudra suivre pour arriver à la cabane Mortel.

Ici, il fallut délibérer. Comment porter un éclopé sur un terrain tellement irrégulier, que deux hommes ne pourraient marcher de front avec quelque régularité ou quelque ensemble? Je proposai immédiatement de me

placer dans le plaid que nous avions heureusement avec
nous, de m'attacher par la ceinture et le pied valide, puis
de me traîner ainsi sur le sol. Mes compagnons s'y refu-
sèrent avec véhémence et préférèrent perdre quelque temps
à essayer tous les moyens plus humains qui leur passèrent
par la tête en combinant les piolets avec les cordes.

Fig. 83. Le transport sur le glacier (croquis).

Mais il fallut se rendre à l'évidence et se résoudre à me
traîner sur le sol. M. Solvay me prit une main pendant
que de l'autre je me soulevais la tête pour éviter les
irrégularités du sol. Dans cet équipage, Schocher et
Zippert s'attelaient et nous trottions. Lorsqu'une crevasse un peu large se présentait, nous accélérions fortement le pas jusqu'à la course et je passais ainsi, buttant
plus ou moins faiblement sur l'autre bord, suivant la
réussite de la manœuvre. Cela dura deux heures.

Dois-je vous dire que pendant plusieurs jours mon dos se demanda s'il était de la race caucasienne ou nègre.

Enfin, l'obscurité arrive, il est 7 h. 1/2, il faut se résoudre à s'arrêter, il devient impossible de me traîner ainsi avec quelque sécurité. Zippert et M. Solvay partent pour chercher du secours ; le premier compte prendre la civière de la cabane Mortel et revenir à nous. M. Solvay continuera vers Pontresina pour organiser dès le restaurant Roseg une caravane qui nous portera secours sans tarder.

Leur étape dans l'obscurité sur le glacier, sur la moraine fut épouvantable; les bosses, les fosses ne se distinguaient plus l'une de l'autre, ils allaient, butant, culbutant, haletant pour arriver enfin à la moraine où les matériaux instables, pierrailles et pierres de toutes dimensions roulaient à mesure qu'ils avançaient en leur écrasant les pieds. A la cabane Mortel, dix minutes de repos leur furent indispensables. Ils y trouvèrent heureusement deux lanternes munies de bouts de bougie, juste ce qu'il fallait à chacun d'eux pour s'éclairer.

Peu après leur départ, l'obscurité était devenue complète ; il n'y avait pas de clair de lune et pas de nuages. Schocher planta son piolet dans la glace et y pendit sa lanterne. Bientôt Barandun sembla vouloir s'assoupir ; mais Schocher lui fait remarquer un peu rudement qu'il lui était interdit de dormir. Cela me frappa — et je me dis qu'effectivement l'activité organique est beaucoup moindre pendant le sommeil que pendant la veille et que si nous succombions au sommeil nous courrions le risque d'être gelés, — car dès la disparition du soleil à l'horizon la température était descendue sous zéro.

Je me jurai que pour rien au monde je ne m'endormirais; ce serment fut bien difficile à tenir. Notre brave Schocher lui-même succomba plusieurs fois au sommeil

et je le réveillais en me battant les épaules de mes bras
à la façon des matelots. Il se levait alors, marquait le
pas sur place et se rasséiait en grommelant. Barandun,
lui, avait trop mal aux chevilles, ne pouvait se lever et
claquait des dents,... ce que je ne tardai pas à imiter à
mon grand dépit. Cela dura ainsi jusqu'à 1 heure du
matin, lorsque le courageux Zippert nous eut rejoints,
porteur de la civière, ayant fait quatre heures de marche,
blessé au genou et à la main, et cela après s'être épuisé
toute la journée à la taille des marches. Nous le vîmes
arriver avec joie et poussâmes un violent hurrah de triomphe et d'attendrissement pour ce brave homme.

Les guides me ficellent sur la civière et me voilà maintenant porté par deux hommes surmenés, Schocher et
Zippert, sur des pentes du glacier où ils n'ont plus la
possibilité de tailler des degrés. Je n'osais bouger de peur
de modifier l'équilibre du poids qu'ils portaient, mais
lorsque nous longions des crevasses, je louchais affreu-
sement pour les regarder quand même et je me deman-
dais si je ne passais pas les instants vraiment difficiles
de la journée. Subitement dans le lointain, sur le chemin
de Mortelhutte, apparaît une lumière, puis trois et
quatre. Mes braves porteurs aussitôt avertis, déposent
leur fardeau, et nous attendons pour plus de prudence.
C'était la caravane de dix guides envoyée par M. Solvay.

Avec eux, six par six, — deux aux brancards, quatre
aux côtés, — cela marcha vite, même à la moraine où nous
glissâmes pourtant de plusieurs mètres, tous ensemble,
debout comme un monolithe. Nous arrivons enfin à la
cabane Mortel. Il est 4 h. 1/2 du matin.

Nous y prenons deux heures de repos; puis les porteurs
me transportent par l'Alp Ota tout le long du chemin de
Mortelhütte jusqu'au restaurant Roseg. Là, une voiture
nous attendait depuis la veille. En route nous rencon-

trons M. Solvay et le docteur Gredig qui sont vite rassurés à mon sujet en m'entendant de loin pousser un hourrah sonore. Tout va bien! A 11 heures, nous arrivons à Pontresina après trente-cinq heures d'absence.

Le docteur, qui avait craint les suites de cette nuit passée immobile dans le froid glacial, proposait quelque potion réconfortante et calmante; mais mon avis fut tout autre et ainsi que M. Solvay l'écrivait à cette époque à sa famille : « Nous venons de rentrer, il est 11 heures, Lefebure est en train d'*avaler* un énorme beefsteack et une demie bouteille de champagne. » Puis je me laissai aller à un excellent sommeil de plomb pendant que Schocher! — vous lisez bien — se rendait à la cabane de la Diavolezza pour faire pendant la nuit l'ascension du piz Bernina!!

En réalité, depuis la nuit du vendredi, sauf deux heures le samedi soir, nous n'avions plus dormi et nous étions au mardi midi.

Après cela, brrr! je subis quelques séances de massage et revins à Bruxelles.

Quels enseignements tirer de ce petit accident qui, à quelques centimètres près, aurait dû être mortel pour nous trois. La présence — vraiment providentielle — de ce seul petit bout de roche qui nous arrêta au bord de l'abîme, fit même dire à l'un de mes amis, cette boutade juste et amusante : « Pour être logique, tu devrais être mort! »

Analysons maintenant les événements. D'abord, le projet lui-même était un peu téméraire, car l'état de la glace était connu et il était tel que le Roseg pouvait être déclaré presque impossible à faire; cela nous fut d'ailleurs confirmé par une caravane qui, voulant le lendemain aller voir le lieu de notre accident, jugea plus prudent de ne pas continuer l'ascension.

Les marches — taillées dans la neige glacée et la glace — auraient pu être parfois plus spacieuses ; mais je dois avouer que nous montions avec un tel brio, un tel entrain que nos guides y allaient comme pour eux-mêmes, d'autant plus qu'ils nous avaient vus l'année précédente à l'œuvre, — avec l'enthousiasme que je vous ai décrit au commencement de mes récits. J'aurais bien dû, puisque je me savais un novice commençant sa deuxième année, me modérer et rappeler les guides à la réalité. De plus des marches, bonnes à la montée, sont souvent insuffisantes pour la descente, car le talon en jeu à son tour est moins habile à l'équilibre que la pointe du pied.

Mais, toujours à cause de mon assurance, une seule faute fut commise, — dans l'ordre de la caravane : le guide le plus fort, Zippert, aurait dû se trouver derrière pour soutenir efficacement le premier choc. Pour cette même raison, et comme cela doit être, il avait fort cor-rectement dirigé la caravane en montant ; il conserva machinalement sa place dans le nouvel ordre de marche.

Pour éviter la chute elle-même, il existait une méthode qui se raconte souvent et s'exécute peu, je crois ; — elle consiste à vouloir que tout guide ou voyageur voyant son prédécesseur tomber, doive se jeter résolument dans le vide sur l'autre versant, de façon à faire la balance. J'y ai toujours songé dans les situations opportunes ; mais aurais-je eu la présence d'esprit, le courage de le faire ?

Barandun y a-t-il pensé ; n'a-t-il pas eu le temps de s'exécuter, cela restera, en raison de la rapidité des événements, un mystère tant pour Barandun que pour nous-même.

Pour le reste, tout l'accident — depuis l'effort désespéré de Zippert pour s'accrocher à la glace jusqu'à son arrivée avec la civière, — ne fut qu'une suite ininterrompue de dévouements de la part de chacun. Barandun, les chevilles endolories, fit son travail courageusement dans la taille des marches; mais plus tard, pour mon transport sur le glacier, il dut évidemment déclarer son incapacité.

Quant au merveilleux Martin Schocher, homme de fer et de volonté, il poursuivit impassible la suite de son plan, me soutenant à la montagne, me tirant sur le glacier — et me portant même pour sauter les crevasses trop larges pour être passées dans une impulsion, mais trop peu larges pour faire des manœuvres de corde.

S'il vous semble qu'en un seul point il y ait un mot qui ne soit pas un éloge pour ces braves gens dévoués et infatigables, c'est que je me suis bien mal fait comprendre; corrigez obligeamment en leur faveur toute autre impression que je vous aurais communiquée.

Qu'il ne vous reste donc de tout ceci que la connaissance des règles que l'on doit suivre dans le cas où nous nous trouvions et la certitude que dans les difficultés, les accidents, ces guides d'élite vous tireront d'affaire avec le maximum d'énergie et de dévouement.

Il serait banal de parler de M. Solvay qui me couva des yeux pendant toute cette journée, comme si j'étais un objet fragile.

Depuis que je me suis déclaré si satisfait de la définition qu'a donnée Durier de l'alpiniste, définition qui rapproche et ceux qui cultivent les hauts sommets et ceux qui aiment le pittoresque des vallées alpestres, je dois constater que je n'ai plus parlé, pour ce qui nous concerne, que de difficultés d'ascension et d'accidents. Je crains qu'il ne vous semble que j'aie voulu faire une aimable concession aux modestes touristes en les enrôlant dans le corps des alpinistes. Détrompez-vous, cette réunion est déjà accomplie dans le club austro-allemand (*Deutscher und Œsterreichischer Alpenverein*) qui groupe en une seule et puissante société les amateurs alpestres de toutes catégories.

Il ne faut pas croire d'ailleurs que l'intensité des sensations que donne l'alpinisme émousse en rien la satisfaction, la joie que donne tout ce qui parle plus modestement de la montagne, de ses alpages, de ses habitants et de l'histoire de ceux-ci. L'alpiniste des hauts sommets peut, comme chacun, trouver dans les villages, dans les vallées, des sujets intéressants, attrayants, qui occupent et qui charment.

Il est d'ailleurs banal de dire que tout ce qui donne lieu à trouvaille, à recherche personnelle, à démonstration, procure plaisir et distraction ; cela est vrai dans la

Fig. 84. Le joli village de Saas-Fee (Valais, 1,798 mètres).

campagne suisse, comme partout. Il y a là mille choses à voir, à scruter, tant dans la nature que dans les mœurs, coutumes et légendes des habitants. En voulez-vous une preuve ?

Tout d'abord me revient à l'esprit la belle vallée de Saas, aux braves, rudes et industrieux habitants. J'avais été saisi en voyant ces admirables pâturages, même ces champs de blé à 1,798 mètres d'altitude, des efforts qu'ont dû faire les habitants du joli village de Saas-Fee pour obtenir ce résultat. J'en avais conclu de suite que maintes légendes devaient exister parmi eux, d'autant plus que leur religiosité excessive et sincère était comme l'indice de luttes incessantes et séculaires contre les forces de la nature.

Je me suis fait raconter quelques-unes de ces légendes; mais la plupart étaient purement chimériques, du domaine de la superstition et aucune trace matérielle ne restait de ces événements. Je ne citerai dans cet ordre de récits que la légende

Fig. 85. La chapelle de l'Escalier à Saas.

du Zelibock. Un bouc diabolique, dès que la nuit s'approchait, précipitait dans le torrent de la Fee Kinn tous ceux qui s'aventuraient sur le chemin de la chapelle de l'Escalier, entre Saas-Fee et Saas-im-Grund. Un jour enfin, vers l'année 1750, un courageux jeune homme de Fee se sacrifia, surprit le bouc dans un ravin que l'on m'a montré, le prit sur ses épaules et sans s'arrêter de prier ni de courir, descendit vers im-Grund, où il le précipita dans la Saaser-Visp qui descend du monte Moro.

Pure légende : rien à prouver ni à improuver.

On me raconta aussi qu'à Almagell (1,679 mètres), jadis, une avalanche descendue du Trifthorn avait détruit l'ancien village avec l'église et que seule de la catastrophe la cloche, soulevée par la pression de l'air déplacé, avait été déposée intacte à 200 mètres de là. C'était cette cloche même qui tintait en ce moment au clocher d'Almagell, dans le fond de la vallée.

C'est à Almagell, au dire des traditions locales, qu'Annibal et son armée commencèrent le célèbre passage des Alpes par

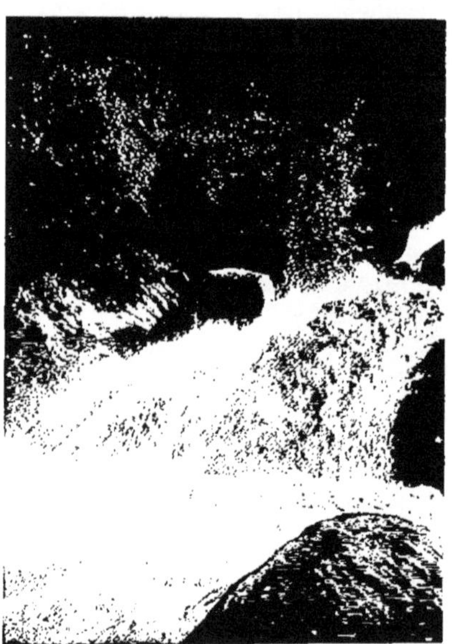

Fig. 86. Le torrent de la Fee-Kinn.

le col d'Antrona. En cela les traditions ne sont pas d'accord avec la plupart des historiographes anciens et modernes qui disent que ce fut par le petit Saint-Bernard qu'Annibal passa. Mais vous excuserez les habitants de Saas, j'en suis certain, lorsque je vous aurai dit que d'autres historiens — et des plus éminents — se demandent si les Carthaginois passèrent par le mont Viso, par le grand Saint-Bernard, le mont Genèvre, le mont Cenis ou le Simplon. Et dire qu'il s'agit des temps historiques, et d'un des faits les plus éclatants de l'histoire militaire de Rome !

Or donc, Aloïs Supersaxo, sur ma demande, me montra des hauteurs de Saas-Fee le formidable amoncellement de rochers qui couvre le sol au fond de la vallée, au-dessus et jusqu'à la limite du village actuel; il me confirma la légende de la catastrophe et de la cloche en me disant, ce qui surexcita ma curiosité, que la vieille cloche portait des inscriptions que personne, pas même les curés de la vallée, n'avait pu déchiffrer jusqu'ici tant elles étaient anciennes et barbares.

Fig. 87. La cascade d'Almagell.

Je n'y tenais plus ; je voulus connaître l'exactitude de cette légende puisqu'une preuve en existait. Je descendis à Almagell et je vis qu'à l'endroit de l'emboulement croissaient parmi les quartiers de rochers des pins énormes dont je pus évaluer l'âge à plus de quatre cents ans.

Or, l'église actuelle ne date que de 1656; la catastrophe
avait donc dû se produire avant cette époque et la cloche
devait dater au moins du XIVe siècle. Ce fut donc avec
une certaine émotion que je grimpai avec Aloïs les barres
qui conduisent au sommet du clocher.

A inspection immédiate, je vis que ce n'était qu'une
cloche à figurines et inscription gothiques et même datée
de 1517. J'avais une désillusion quant à la trouvaille
archéologique : le cataclysme et la cloche n'étaient pas
contemporains; mais j'étais dédommagé en ce que j'avais
réussi à controuver la réalité du récit.

Si le souvenir d'une catastrophe ayant anéanti le village est resté dans les traditions populaires, et cela n'a
rien d'étonnant puisque ce chaos de rochers si proche
doit le leur rappeler, cette catastrophe s'est passée au
moins quatre cents ans (âge des alviés) avant notre
époque; la cloche n'en est donc pas contemporaine.

Je fis une copie exacte de l'inscription qui est à l'invo-
cation de sainte Barbe, patronne également de l'église
actuelle, ce qui intéressa et charma vivement le curé
d'Almagell.

Les caractères que vous auriez lus aussi bien que moi,
en tenant compte des imperfections de la fonte; ressem-
blent assez bien à la réduction que vous voyez ci-dessous.

iljs◦maria⌣sancta ◡ barbara ◡ ora·pro·nobis·anno·Domini·m°v°xv°ii°°

Voilà donc un genre de divertissement que chacun
peut se créer en toutes localités suisses.

Dans l'ordre des choses naturelles, à Saas-Fee encore,
où, comme je le disais plus haut, les habitants ont dû
lutter pied à pied pendant des siècles contre les éléments,

il restait chez les vieillards (A. Supersaxo, né en 1807) le souvenir d'un phénomème à la fois géologique et botanique assez intéressant.

Le glacier de Saas, vers 1820, commença à avancer d'une façon intempestive, entoura la Gletscher-Alpe et descendit vers des forêts séculaires d'alviés — ou pins d'arolle — qui le séparaient de Saas-Fee.

A mesure de l'avancement, les habitants — A. Supersaxo fut du nombre — durent abattre ces pins dont il reste encore actuellement à la limite de la moraine, des spécimens imposants, admirables et dont je vous donne une image ici. Ce colosse — qui vit à 1,800 mètres d'altitude ! — mesure 5^m,65 de circonférence, soit 1^m,80 de diamètre et j'ai pu constater par des sections faites dans quelques-uns de ses congénères, abattus pour faire des stalles à la nouvelle église, que son âge doit être évalué de sept cents à mille ans. Ce compte est bien facile à établir par les couches ligneuses successives et il a été fait pour les

Fig. 88. Un alvié millénaire.

spécimens envoyés par la commune de Saas-Fee à la
dernière exposition de Genève.

Le glacier cessa d'avancer dès 1840; actuellement il
s'est retiré d'un kilomètre et, ce qui est intéressant, c'est
que, sur la moraine qui est restée à la limite de l'avancement extrême du glacier, repousse déjà, par semis spon-
tanés, toute une petite forêt minuscule dont les alviés

Fig. 89. L'ancienne moraine du glacier de Saas.

encore clairsemés ont de 1 à 5 mètres de hauteur. Et il
faut bien remarquer que pendant mille ans le glacier
n'avait pas été menaçant pour Saas-Fee puisque la forêt
comprenait des spécimens de cet âge.

Voilà donc, en une vie d'homme, un phénomène géologique progressif et régressif; la disparition d'une
forêt séculaire, des années de stérilité du sol à l'endroit

du glacier et des moraines, et enfin la naissance d'une nouvelle forêt.

Cela secoue un peu, par sa rapidité, l'opinion que l'on a en général sur la durée des phénomènes géologiques ; mais il est vrai qu'il s'agit d'un glacier.

Fig. 90. Un berger bergamasque à Pontresina.

Mais ce qui frappe surtout, c'est la disparition de toute cette belle végétation et la force avec laquelle elle reprend ses droits à l'altitude pourtant extrême de 1,800 mètres.

Je pourrais encore vous citer diverses visites de villages, comme Zeneggen (val Saint-Nicolas), Arolla (val d'Herens) etc., où les mœurs, les lois, les coutumes, les costumes présentent une foule de particularités dignes de votre curiosité.

Dans l'Engadine, la riche et aristocratique Engadine,

tous les travaux champêtres sont faits par les populations italiennes de la Valteline; c'est vous dire que les travailleurs ont en cette région les silhouettes les plus intéressantes.

Le long passé de richesse des Engadinais se reconnaît à leurs habitations : les façades étaient jadis décorées à profusion et sous les badigeons vous pouvez retrouver en intailles de très curieux motifs d'ornementation et des devises qui ne manquent ni d'intérêt ni d'une certaine philosophie.

Ces devises sont généralement écrites en ladin, langue pittoresque qui est un italien à consonnance tudesque comme son nom l'indique de lui-même. Voici une de ces devises que j'ai transcrite et qui se trouve à Pontresina, non loin de la vieille église Santa-Maria de Carlihof :

> Schbütaer l'gmùond é sieu custum
> Schbütaer dals christians üngw
> Et eir Schbütaer semper se sùes
> Schbütaer l'schbütamaint istes
> Dals priès eis dretta üsaunza
> Chi spettan l'æterna straunza.

> L. G. Velg ha fat fabrichir anno 1648.

Ce qui veut dire en traduction libre :

> Mépriser le monde et ses usages,
> Ne mépriser aucun chrétien;
> Et se mépriser toujours soi-même,
> Mépriser son propre mépris
> Est du juste la droite voie
> Qui mène à l'éternel repos.

> L. G. Velg l'a fait construire l'an 1648.

En voici encore une d'une portée moins profonde :

Meilo eise ad awair
Un bùn nom co awair
Granda richiechia, an° 1664.

Ces populations à mœurs simples ont adopté une transposition de notre vieux proverbe et elles disent :

Mieux vaut bonne renommée que... grande richesse.

Sans aller jusqu'à chercher les traces de la vie intellectuelle et du passé de ces populations rustiques, la vue seule de la vie domestique en ces hameaux perdus dans les profondes vallées est un tableau qui laisse des souvenirs pleins d'enchantement. Je me rappelle avoir passé presque un jour dans la vallée de Maderan,

Fig. 91. Les masures de Gufferen (Maderan).

regardant de l'autre côté de la vallée par dessus le Kärstelenbach, toute l'activité qui régnait aux quelques masures du petit village de Gufferen.

Je voyais, sans en rien entendre à cause de l'éloignement et du fracas du torrent qui coulait à mes pieds, un petit tableau mouvant comme une miniature de jeu d'enfants : les petites maisonnettes de bois, les fenils, le va-et-vient des habitants, les filles emmenant les troupeaux de vaches, lentes, partant à la file ; les garçonnets

Fig. 92. Un potager du Val Maderan

poussant les chèvres par les sentiers sinueux. Et tour à tour sur le versant de la montagne, suivant le jeu des bouquets de pins, les longues caravanes paraissaient et disparaissaient zigzaguantes. A la maisonnette, la payse ramassait, bousculait les marmots, donnait quelques bourrades aux cochons noirs qui s'en allaient trottinant, cahotant, effrayant la volaille, et tout cela sans qu'aucun son ne soit perçu, dans un merveilleux décor de feuillage et de menues herbes.

Près des maisonnettes, les si curieux potagers caractéristiques de la vallée de Maderan, gros quartiers de rocher sur lesquels l'habitant a massé de la terre végétale qu'il maintient péniblement en entourant cette croûte légère de plantules aux mille petites fleurs. Au milieu dans cette terre égalisée, grattée avec minutie, quelques plantes poussent leurs jets.

Sous l'impression du décor ambiant si primitif, il faut se contraindre pour y reconnaître un potager, l'on dirait plutôt la tombe de quelque modeste héros de village qu'un culte touchant ferait entretenir et couronner de fleurs, ou bien le champ de repos de quelque poète de la vie bucolique, qui s'inspira dans cette paisible vallée, écrivit pour lui-même et voulut rester

Fig. 93. Cascades des Brunni et Stauberbach (Maderan).

à jamais dans cette atmosphère de pure tranquillité.

Je vous jure que pour un peu l'on arriverait bien vite à rêver devant ces tableaux si calmes et si doucement émouvants.

Après tous ces récits et ces exemples, je crois vous

avoir suffisamment convaincu de la sincérité de mes affirmations, en ce qui concerne les joies que l'on peut tirer du séjour dans les vallées — bien loin en dessous des sommets.

Par un scrupule de conscience, je serais d'ailleurs beaucoup plus charmé de vous avoir converti aux agré-

Fig. 94. Allant à la traite (Wengernalp).

ments que l'on peut retirer de la campagne suisse, que de vous avoir amené à pratiquer le périlleux sport alpiniste.

L'un et l'autre de ces divertissements vous mèneront pourtant au but que je vous indiquais en commençant, à savoir les exercices salubres, réconfortants, qui vous apporteront, avec les distractions que vous cherchez, les éléments d'une bonne santé : bon air et bon appétit.

Et je termine en vous disant que le seul moyen d'être attiré de suite par les excursions intéressantes, imprévues et pittoresques, c'est de s'équiper simplement et de chausser les souliers ferrés aussitôt l'arrivée en une station alpestre. Lorsque le pied est ferme et sûr, plus rien ne vous arrête : monter, grimper, escalader se font sans peine, sans danger et qui plus est, sans fatigue — si l'on est sans hâte.

Enfin, pour jouir de tous ces trésors, conservez précieusement votre propre enthousiasme, car la plus grande partie du plaisir vous viendra de vous-même.

Et maintenant, lecteur, portez vous bien !

Fig. 95. La route du Juliers près Stalla.

Fig. 00. Le col entre le monte Cristallo et le Poppena.

TABLE DES GRAVURES

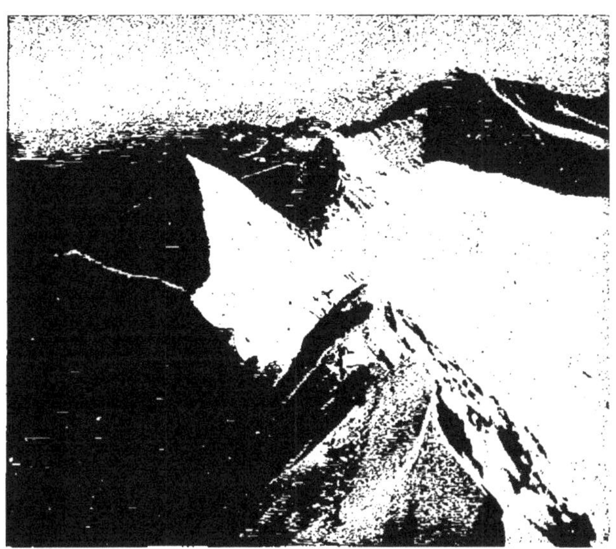

Fig. 97. Les crêtes du pizzi Palu et Bellavista, vues du piz Zupo (3,999 mètres).

TABLE DE QUELQUES ASCENSIONS
ET LOCALITÉS CITÉES

Aguagliouls,	2,676 m.	Glacier du Roseg.
Aiguilles rouges,	3,650 m.	Valais (Arolla).
Albris,	3,166 m.	Engadine (Pontresina).
Almagell,	1,679 m.	Valais (village).
Alphubel,	4,207 m.	Alpes Pennines (Saas).
Arlas (mùnt),	3,129 m.	Engadine (Sils).
Arolla,	1,962 m.	Val d'Hérens (village).
Bernina (piz),	4,052 m.	Alpes Rhétiques (Engadine).
Bianco (pizzo),	3,998 m.	Piz Bernina.
Bosses du dromadaire,	4,556 m.	Mont Blanc.
Breithorn,	4,171 m.	Alpes Pennines (Valais).

Cervin,	4,482 m.	Alpes Pennines (Zermatt).
Cevedale,	3,772 m.	Sulden (Tyrol).
Chaputschin,	3,393 m.	Engadine (massif du Bernina).
Collon (Grand),	3,644 m.	Alpes Pennines (val d'Arolla).
Concordiahütte,	2,870 m.	Glacier d'Aletsch (Eggishorn).
Corvateh,	3,458 m	Alpes Rhétiques (Engadine).
Crast'aguzza,	3,872 m.	Massif du Bernina.
Cristallo (monte),	3,231 m.	Vallée d'Ampezzo (Tyrol).
Diavolezza (cabane),	2,977 m.	Engadine (massif de Bernina).
Disgrazia (monte della),	3,678 m.	Alpes Rhétiques (Maloja).
Egginerhorn,	3,377 m.	Alpes Pennines (Saas).
Eggishorn,	2,934 m.	Alpes helvétiques bernoises.
Fiesch (glacier de),		Eggishorn (Valais).
Fleurs (Trais Fluors),	2,957 m.	Engadins (massif du Padella).
Forno (cabane et glacier),	2,600 m.	Alpes Rhétiques (Maloja).
Fortezza (Festung),	3,365 m.	Engadine (massif du Bernina).
Gabelhorn (Ober),	4,073 m	Valais (massif du Weisshorn).
Gandegg (cabane),	3,000 m.	Breithorn (Zermatt).
Gemsfreiheit,	2,894 m.	Engadine (glacier de Morteratch).
Glütschaint,	3,598 m.	Engadine (massif du Bernina).
Gorner (glacier du),	2,310 m.	Valais (Zermatt).
Gornergrat,	3,136 m.	Alpes Pennines (Zermatt).
Grands Mulets (cabane),	3,050 m.	Mont Blanc.
Juliers (piz),	3,385 m.	Engadine (Alpes Rhétiques).
Jungfrau,	4,166 m.	Alpes helvétiques bernoises.
Karersee,	1,600 m.	Tyrol.
Kœnigsspitze,	3,857 m.	Sulden (Tyrol).
Latemar,	2,741 m.	Karersee (Tyrol).
Leichenbretter,	3,000 m.	Glacier du Gorner (Valais).
Matterhorn,	4,482 m.	Mont Cervin.
Mönch,	4,105 m.	Alpes helvétiques bernoises.
Monica (Monschia),	3,400 m.	Engadine (massif du Bernina).
Mont Blanc,	4,810 m.	

Mont Rose,	4,638 m.	Alpes Pennines.
Mortelhutte,	2,390 m.	Glacier du Roseg (Engadine).
Morteratch (piz),	3,754 m.	Alpes Rhétiques.
Muraigl (piz),	2,989 m.	Pontresina.
Ober-Gabelhorn,	4,073 m.	Alpes Pennines (Zermatt).
Ortler,	3,902 m.	Alpes du Trentin occidental.
Ot (piz),	3,249 m.	Alpes Rhétiques (Samaden).
Palu (piz),	3,912 m.	Engadine (massif de Bernina).
Payerhutte,	3,020 m.	Alpes du Trentin (Trafoy).
Riffelalp (hôtel),	2,227 m	Valais (Zermatt).
Riffelhaus (hôtel),	2,569 m.	Valais (Gornergrat).
Riffelhorn,	2,931 m.	Alpes Pennines (Gornergrat).
Roseg (piz),	3,943 m.	Alpes Rhétiques (Engadine).
Rosengarten,	2.998 m.	Karersee (Tyrol).
Roses (Les),	3,200 m.	Engadine (val Valetta, Samaden).
Saas-Fee (village),	1,562 m.	Valais (vallée de Saas).
Scerscen (monte di),	3,967 m.	Engadine (massif du Bernina).
Schatberg,	2,733 m.	Engadine (Pontresina).
Schaubachhutte,	2,572 m.	Tyrol (Sulden).
Schwerstern (les Sruors),	2,982 m.	Engadine (Pontresina).
Sella (piz),	3,587 m.	Alpes Rhétiques (Engadine).
Sella (col de la),	3,304 m.	Entre les pics Roseg et Sella.
Sissone (monte),	3,334 m.	Massif de la Disgrazia (Maloja).
Sulden (hôtel),	2,000 m.	Tyrol.
Théodule (cabane),	3,322 m.	Alpes Pennines (Breithorn).
Trafoy (hôtel),	1,544 m.	Tyrol.
Tre Croci (hôtel),	1,815 m.	Vallée d'Ampezzo (Tyrol).
Tremoggia,	3,452 m.	Engadine (val de Fex).
Tschierva (piz),	3,570 m.	Engadine (massif du Bernina).
Valetta (Val),	—	Engadine (Samaden).
Vallot (Observatoire),	4,362 m.	Aux Bosses du mont Blanc.
Wannehorn,	3,905 m.	Fiescherhörner (Eggishorn).

Wengernalp,	—	Oberland bernois.
Windgälle (Grosze),	3.192 m.	Vallée de Maderan (Saint-Gothard).
Za (aig. de la),	3,672 m.	Arolla (val d'Hérens).
Zermatt,	1,620 m.	Valais (vallée de la Viége).
Zmutt (vallée de),	—	Valais (Zermatt).
Zupo,	3,999 m.	Engadine (massif de Bernina)

TABLE DES MATIÈRES

Ce volume a été imprimé par la Maison Vᵉ Monnom, 32, rue de l'Industrie, à Bruxelles.

Les gravures sont faites par les établissements Jean Malvaux, 69, rue de Launoy, à Bruxelles, d'après les phototypes de l'auteur.

Deux croquis du miniaturiste Louis Moreels et un monogramme de justification par Henry van de Velde.

Achevé le 15 mars 1901.

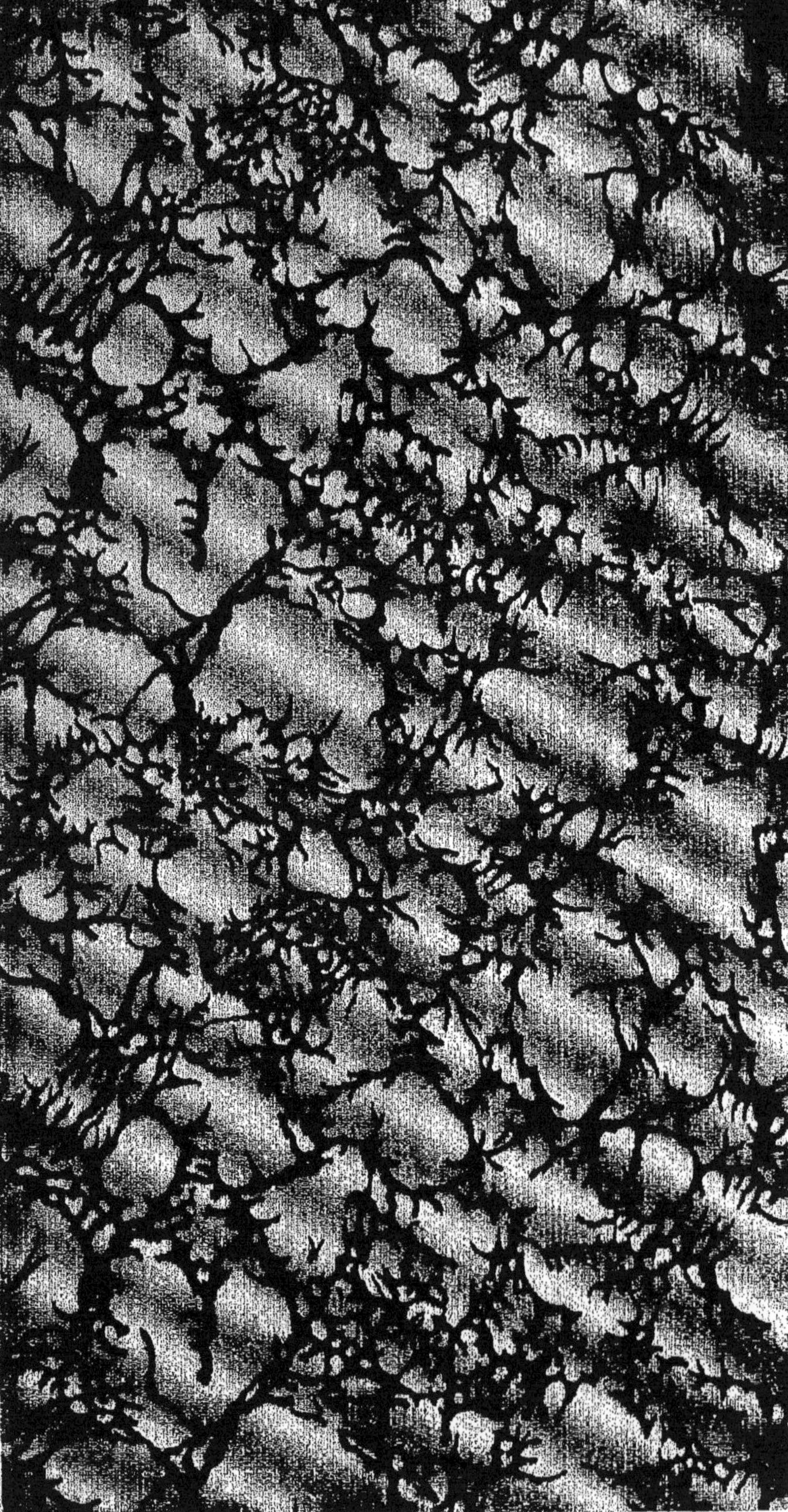

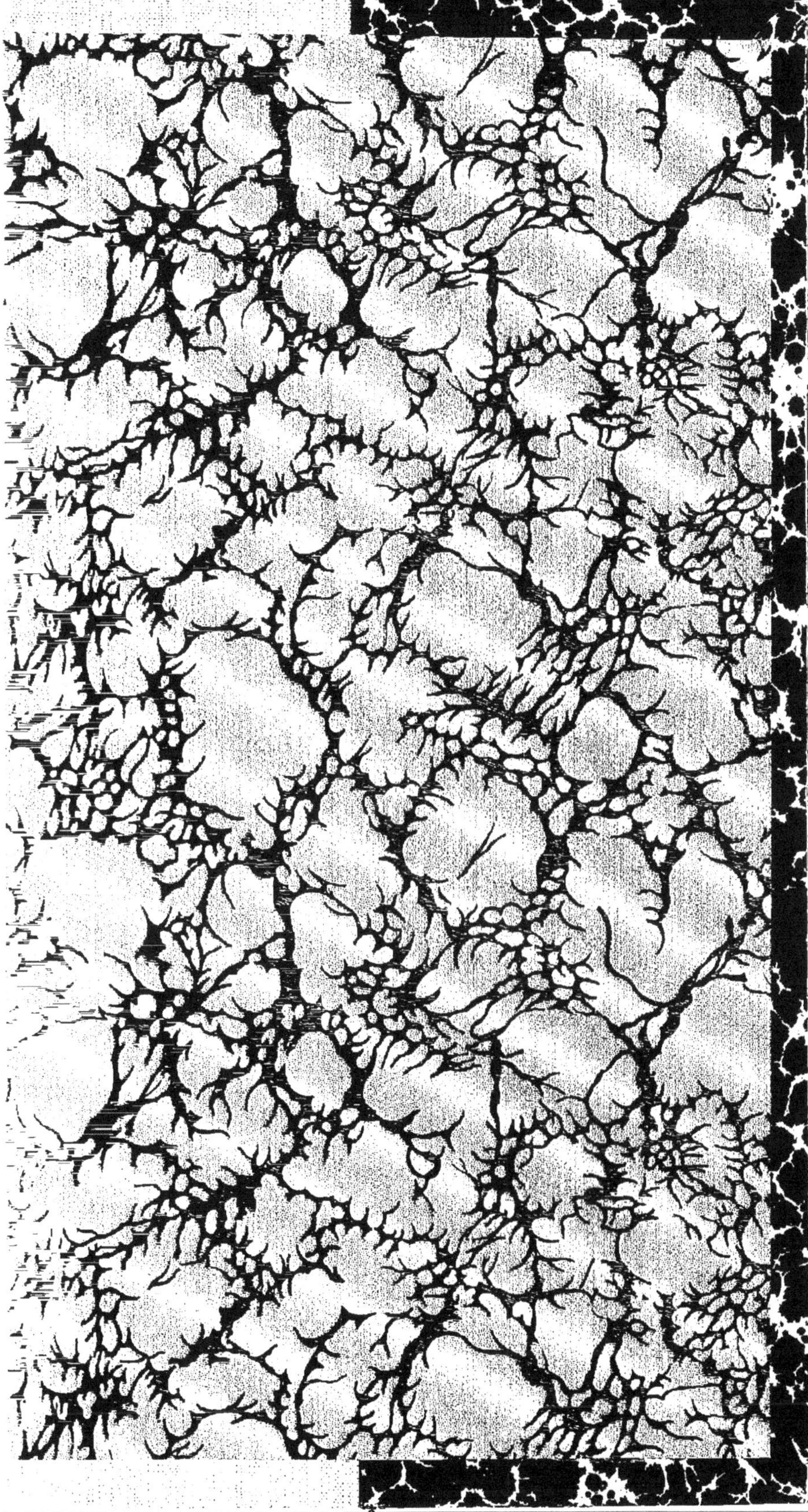

www.ingramcontent.com/pod-product-compliance
Ingram Content Group UK Ltd.
Pitfield, Milton Keynes, MK11 3LW, UK
UKHW021052230726
13926UKWH00004B/1796